dtv

W0230692

Astrologie hat immer Konjunktur. Menschen wollten zu allen Zeiten wissen, was das Schicksal für sie in petto hält. Das ist heute nicht anders als vor tausend Jahren. Aber etwas hat sich im Laufe der Geschichte geändert: die Art, wie Astrologie gedeutet wird. Eine Astrologie für das dritte Jahrtausend ist ohne verführerische Prognosen. Statt dessen gibt sie einen Einblick in Lebensaufgaben und Entwicklungschancen, in seelische Werte und Ziele und zeigt, nach welchen zeitlichen Zyklen sich diese entfalten. Wulfing von Rohr entwirft eine solche Astrologie für die Zeitenwende und bietet einen sehr persönlichen Ansatz, der nach dem Lebenssinn fragt, Hinweise auf die Entfaltung von Herz und Seele gibt und astrologische Faktoren in einer neuen, praktischen Sicht versteht: als Lebenshilfe und geistige Orientierung.

Wulfing von Rohr ist Sachbuchautor, Seminarleiter, Astrologe, Coach, Fernsehproduzent, Kongreßmoderator, Yogalehrer und Meditationsschüler. Er gilt als einer der besten Kenner esoterischer und psychologischer Wege zur ganzheitlichen Bewußtwerdung im deutschsprachigen Raum. Für Neugierige hier seine astrologischen Daten: Geboren am 2. August 1948 in Koldingen bei Hannover, 7 h 40 Ortszeit, 5 h 40 GMT.

Wulfing von Rohr

Astrologie
für eine neue Zeit

Deutscher Taschenbuch Verlag

Kontaktadresse für Vorträge, Seminare und Beratung
Wulfing von Rohr
Angererstraße 12
D-83346 Bergen
Fax: 0 86 62/41 95 53
E-Mail: LifeForum@t-online.de

Originalausgabe
August 1999
© Deutscher Taschenbuch Verlag GmbH & Co. KG,
München
Umschlagkonzept: Balk & Brumshagen
Umschlagbild: Ausschnitt einer farbigen Miniatur von
Giovanni Battista Agnese, 16. Jh.
(© AKG, Berlin)
Satz: Fotosatz Reinhard Amann, Aichstetten
Gesetzt aus der Sabon 10/12˙
Druck und Bindung: C.H. Beck'sche Buchdruckerei,
Nördlingen
Gedruckt auf säurefreiem, chlorfrei gebleichtem Papier
Printed in Germany · ISBN 3-423-36148-4

Inhalt

Dank

Zahlreichen Menschen möchte ich danken, weil in ein Buch ja nicht nur das Wissen wichtiger LehrerInnen einfließt, sondern auch der Gewinn aus Begegnung und Austausch mit vielen Menschen.

Stellvertretend seien folgende Astrologen genannt (ihrem Jahrgang folgend): Johannes Vehlow, Carl Payne Tobey, Dane Rudhyar, Bernd A. Mertz, Claude Weiss und Alan Oken. Von allen habe ich viel über Astrologie und Psychologie, über Mythenkunde und Lebenshilfe lernen dürfen und lerne weiterhin, auch wenn die vier Erstgenannten bereits in eine andere Welt gegangen sind.

Für die ersten praktischen Anleitungen zur spirituellen Entwicklung danke ich meiner verstorbenen Yogalehrerin Anneliese Harf.

Für die Initiation in die Mysterien des inneren Kosmos danke ich meinem verehrten gütigen Meditationsmeister, dem Mystiker und Dichter Sant Darshan Singh, der inzwischen aus der rein geistigen Dimension wirkt, sowie meinem jetzigen Meditationsmeister, dem Wissenschaftler und Friedensstifter Sant Rajinder Singh.

Meinen verstorbenen Eltern Valérie Vera und Dr. Hans-Olof von Rohr und meinen Lehrern am Landschulheim Holzminden danke ich von Herzen dafür, daß sie wichtige Grundlagen gelegt haben für ein aufregendes Leben.

Nicht zuletzt danke ich dem Deutschen Taschenbuch Verlag und meiner Lektorin Bettina Lemke für das Interesse und die Offenheit, einer neuen Sicht der Astrologie als Lebenshilfe an der Zeitenwende eine Chance zu geben!

Wulfing von Rohr, Bergen/Obb., im Frühjahr 1999

Einstimmung

Astrologie hat immer »Konjunktur«. Menschen wollten zu allen Zeiten wissen, was das Schicksal für sie in petto hielt. Das ist heute nicht anders als vor tausend Jahren. Aber etwas hat sich im Laufe der Geschichte geändert: die Art, wie Astrologie gedeutet wird.

Die antike Astrologie fragte danach, was im Horoskop des Herrschers stand. Was für den Pharao oder Kaiser gut war, mußte auch fürs Volk gut sein. Was ihn und seine Herrschaft bedrohte, verhieß Schlimmes auch für sein Volk.

In Renaissance und Aufklärung veränderte sich mit dem Wechsel der Weltbilder auch die Astrologie. Nun wurde nicht mehr nur nach dem Mann an der Spitze des Staates gefragt, sondern der Einzelne rückte mehr in den Blickpunkt. Aber auch jetzt ging es vor allem um Schicksal und Zukunft und darum, was an schönen oder schrecklichen Dingen zu erhoffen beziehungsweise zu befürchten war.

Mit der modernen Zeit entwickelte sich vor rund hundert Jahren die Psychologie. Sie übte sogleich einen starken Einfluß auf die Praxis der neuzeitlichen Astrologie aus. Nun ging es nicht mehr in erster Linie um äußere Einflüsse und zukünftige Ereignisse, sondern um die inneren Zustände und persönlichen Befindlichkeiten des Einzelnen. Die Astrologen des 20. Jahrhunderts wollten vor allem ergründen, welche psychologischen Kräfte in der Persönlichkeit wirken, und wie diese Kräfte harmonisch miteinander ausgeglichen werden können.

Beim Wechsel in das 3. Jahrtausend wird Beobachtern der gesellschaftlichen Situation klar, daß wir an einer Zeitenwende stehen. Wissenschaft und Technik, Philosophie und Psychologie konnten stark und erfolgreich entwickelt werden – und doch fehlt den Menschen etwas: tieferer Lebenssinn und mehr Mitmenschlichkeit. Die Zeitenwende verlangt, daß nicht mehr allein die Förderung der intellektuellen Leistungen und der psychologischen Einsichten Beachtung findet, sondern die Entwicklung von Herz und Geist.

Das neue Jahrtausend fordert gleichermaßen eine neue Art der Astrologie: eine Astrologie, die nach dem Lebenssinn fragt, die Hinweise auf die Entfaltung von Herz und Seele gibt, die geistige Werte und Ziele nennt. Um einen solchen humanistischen Ansatz soll es in diesem Buch gehen.

Eine Astrologie für das 3. Jahrtausend ist ohne okkulten Ballast und verführerische Prognosen. Statt dessen bietet sie einen Einblick in Lebensaufgaben und Entwicklungschancen, in seelische Werte und Ziele, und zeigt, nach welchen zeitlichen Zyklen sich diese entfalten.

Dieses Buch entwirft eine Astrologie für die Zeitenwende und bietet einen sehr persönlichen Ansatz, astrologische Faktoren in einer neuen, praktischen Sicht richtig zu verstehen: als Lebenshilfe und geistige Orientierung.

Wißbegierige Einsteiger und LeserInnen, die sich bislang noch nicht oder nur wenig mit Astrologie beschäftigt haben oder die ihr vielleicht eher sogar etwas unsicher, ungläubig oder unwillig gegenüberstehen, sollen in den folgenden Abschnitten klare Einsichten und handfeste Lebenshilfen finden, die ein neues Bild der Astrologie vermitteln.

Aber auch Fortgeschrittene und alte Hasen werden durch die ungewohnte Sichtweise dieser Astrologie für eine neue Zeit Bereicherung und Vertiefung erfahren.

Allen Leserinnen und Lesern soll dieses Buch aber den Anstoß geben, über die gegenseitigen Beziehungen zwischen Mensch und Kosmos nachzudenken und sich auf die Faszination der Astrologie einzulassen.

1. Lichter am Himmel

Wie wir mit der Sternenkunde sinnvoll umgehen können – Wie Astrologie funktioniert – Was im Horoskop steht und was nicht

Siehst du den Mond dort steh'n?
Er ist nur halb zu seh'n und ist doch rund und schön.
Es gibt so viele Sachen,
die wir getrost belachen,
weil uns're Augen sie nicht seh'n.
»Mondnacht«, Joseph Freiherr von Eichendorff

Wie stehen wir zur Astrologie? Belachen wir sie getrost, weil unser logisches Denken ihre geistigen Ansätze (noch) nicht nachvollziehen kann? Halten wir wenig bis nichts von der Tatsache, daß wir Menschen in einen großen Kosmos hineingestellt worden sind, und dies bereits ein Indiz dafür ist, daß wir mit diesem Kosmos etwas zu tun haben? Belächeln wir die Sternenkunde, weil wir sie (bislang) eher als eine amüsante Gauklerei denn als tiefgründige Menschenkunde und Kunst der Lebenshilfe betrachten? Ich lade Sie ein, Astrologie einmal näher und ganz anders kennenzulernen. Dafür bitte ich Sie um Ihre »Mitarbeit«, nämlich offen zu sein und selbst zu prüfen, ob Aussagen der Astrologie Ihnen helfen können oder nicht.

Wenn nach langer kühler Frühjahrsnacht die ersten rosafarbenen Strahlen der noch schwachen Morgensonne über den fernen Horizont auf unsere Erde fallen und einer gerade erwachenden Natur von neuem Wachstum künden, erwachen auch alle Lebensgeister und recken sich erwartungsvoll einer lebensspendenden Wärme entgegen.

Wenn die Sommersonne mittags am Himmel hoch über der Erde steht und ihre machtvolle Glut auf goldgelbe reifende Ähren sendet und sie die Quellen, Bäche und Seen mit ihrer Kraft auflädt, werden die hohen grünbelaubten Wälder zur kühlen Zuflucht für Mensch und Getier.

Wenn die wohligen Strahlen der milden Oktobersonne uns in den Herbst begleiten und die Blätter bunt färben, mögen wir uns fröhlich der Zeit der Ernte und ihrer Früchte erfreuen.

Wenn im Winter die Sonne einen fahlen Schein annimmt und nur noch ein schwacher Glanz im Widerschein des kalten, weißen Schnees an ihr Vorhandensein erinnert, finden wir vielleicht Augenblicke des Stillehaltens, der Verinnerlichung?

Sind wir nicht alle Teil einer Natur, die so groß und wunderbar, so vielgestaltig und überwältigend ist, daß wir sie nie werden ganz erfassen können? Sind unser pulsierendes Leben und unser Lebensrhythmus nicht eingebunden in eine größere Ordnung, die Sinn dort erfassen ließe, wo jetzt ein Übermaß an scheinbaren Zufälligkeiten, Verwirrung und Chaos besteht?

Denken wir an den stetigen Wechsel der Erscheinungen unseres treuen Erdbegleiters. Mit seiner wechselnden Gestalt von schmaler Sichel über Halbkreis und Vollmond bis zur drei Tage dauernden Unsichtbarkeit während des Dunkel- oder Neumondes erinnert uns der Mond an die ständige Veränderung jeder irdischen Form.

Sein Einfluß auf die Gewässer unseres Heimatplaneten Erde drückt symbolisch das alte Wort des *panta rhei* aus, des »Alles fließt«. Wasser fließt in unseren Flüssen, die Gezeiten der Meere folgen dem ewigen Auf und Ab, Säfte steigen in Pflanzen und Bäumen, Fruchtbarkeitszyklen bei Mensch und Tier folgen den kosmischen Gesetzen des Mondlaufs.

Das Licht der Sonne, das der Mond uns so wechselvoll spiegelt, zeigt an, daß es auf dem Weg durchs Leben nichts Statisches gibt, nichts Fertiges, nichts Endgültiges.

Ist es nicht offensichtlich, daß unser Leben auf der Erde und die Bahn dieses blauen Planeten und seiner anderen Begleiter in der näheren Umgebung unseres Sonnensystems etwas miteinander zu tun haben?

Wenn unser Blick in dunkelblauer, mondloser Nacht träumerisch oder forschend, beglückt oder fragend, in den Myriaden ferner funkelnder Sterne versinkt, spüren wir nicht etwas von der Sehnsucht nach der Offenbarung einer kosmischen Heimat? Fühlen wir uns angerührt von der Magie des unsichtbaren Bandes, das in die Weiten des Alls reicht und die Sterne mit uns verbindet: durch die uns allen gemeinsame Schöpferkraft?

Und ist das All mit seinem verborgenen Ursprung und seinem geheimnisvollen Ziel nicht selbst ein Symbol? Ein rätselhaftes, sich äußerlich manifestierendes Symbol für den Zauber des letzten inneren SEINS, das sich sowohl in einer begrenzten Form wie in der unbegrenzten Bewußtheit darzustellen vermag?

Ja, natürlich sind wir kosmische Wesen, die einige Erdenjahre in der irdischen Sphäre verbringen, um uns zu entwickeln, um zu lernen und uns zu entfalten. Aus der Sicht einer anderen Dimension mag sich die uns zugemessene Zeitspanne vielleicht nur wie wenige Tage ausnehmen; wir erleben sie jedoch wie eine kleine Ewigkeit.

Und Gott sprach: Es werden Lichter
an der Feste des Himmels,
die da scheiden Tag und Nacht
und geben Zeichen, Zeiten, Tage und Jahre
und seien Lichter an der Feste des Himmels,
daß sie scheinen auf die Erde.
Und es geschah so.
1. Mose 1, 14-15

Die Lichter des Himmels zeigen uns mit Tagen und Jahren nicht nur die Zeiten an, sondern sie geben auch Zeichen. Welcher Art mögen diese Zeichen sein, die offensichtlich mehr als nur Zyklen von Zeit angeben? Es handelt sich, so sehen es die Astrologen, um Hinweise zum menschlichen Schicksal. Der Astrologe und Mythenforscher Bernd A. Mertz hat zum Thema Christentum und Astrologie eine Abhandlung vorgelegt, die unter dem Titel ›Die Lichter des Himmels geben Zeichen‹ erschien (Fischer Verlag 1990), in der mehr darüber nachzulesen ist.

Bei Goethe finden wir interessante Überlegungen dazu, wie das Einzelschicksal und der Weltenlauf zusammenhängen:

> *Wie an dem Tag, der dich der Welt verliehen,*
> *Die Sonne stand zum Gruße der Planeten,*
> *Bist alsobald und fort und fort gediehen,*
> *Nach dem Gesetz, wonach du angetreten.*
> *So mußt du sein, dir kannst du nicht entfliehen,*
> *So sagten schon Sibyllen, so Propheten;*
> *Und keine Zeit und keine Macht zerstückelt*
> *Geprägte Form, die lebend sich entwickelt.*
> Johann Wolfgang von Goethe, Urworte – Orphisch

Wir treten nach einem Gesetz an. Wir leben in einer vorgeprägten Form, die sich lebendig weiterentwickelt. Nach welchen Gesetzen aber entwickelt sie sich? Es sind, so Goethe, sowohl äußere Gesetze, welche durch Sonne, Mond und Planeten angezeigt werden, als auch innere – denn »dir selbst kannst du nicht entfliehen«, wie der Dichter sagt.

Was steht nun im Horoskop und was nicht? Das Horoskop bietet einen – wohlgemerkt: *einen*, nicht den *einzigen*! – Zugang zu einem besseren Verständnis von Persönlichkeit und Schicksal, von Lebensaufgaben und Entwicklungschancen. Ein Horoskop bietet dem dafür offenen Betrachter die Möglichkeit, Rückschlüsse von einem Bild des Makrokosmos unseres Sonnensystems auf den Mikrokosmos des einzelnen menschlichen Lebens zu ziehen. Die Gestirne verkörpern symbolische Kräfte, die erdhafte Analogien erlauben und damit neue Gesichtspunkte offenbaren.

Im ausgezeichneten Buch des Altmeisters Dane Rudhyar, ›Die Astrologie der Persönlichkeit‹ (Heyne Verlag), beschreibt er Astrologie als die »Algebra des Lebens«. Dort ist zum philosophischen Unter- und Überbau sehr viel nachzulesen.

Im Horoskop steht *nicht*, wann ein Mensch stirbt, ob er berühmt wird, ob er an einer unheilbaren Krankheit leidet oder von einer solchen geheilt werden kann, und dergleichen mehr. Ein Horoskop ist kein Ersatz für persönliches Denken, Fühlen und Erleben, für eigenverantwortliche Entscheidungen, und auch nicht für Gebet und Meditation!

Ein Horoskop weist auf in der Persönlichkeit angelegte Möglichkeiten hin und auf kosmische Zeitzyklen, in deren Rahmen sie sich entfalten können. Es sagt hingegen nichts darüber aus, was wirklich passieren wird. Ein Lottogewinn steht nicht im Horoskop, es wird höchstens eine Periode von Glückschancen angezeigt. Wie sich solche Glückschancen manifestieren, läßt sich mittels Horoskop nicht voraussagen.

Dazu ein eigenes Beispiel: Vor vielen Jahren bemerkte ich, daß ich in einer bestimmten Woche eigentlich »Glück« haben sollte (eine bestimmte Merkur/Jupiter/Uranus-Konstellation zu meiner Sonne fand statt). Ich spielte Lotto – und gewann! Aber nur relativ wenig, weil sehr viele Lottospieler richtige Tips abgegeben hatten. Vielleicht wäre mir besser damit gedient gewesen, nicht zu versuchen, eine »astrologische Glückssträhne« materiell zu nutzen, sondern in der Zeit lieber etwas Neues zu lernen oder eine kleine Reise zu machen? Wer weiß. In meinem Buch ›Mit den Sternen zum Erfolg‹ (→ Anhang) gehe ich auf diesen Zweig der Horoskopdeutung näher ein.

Aber noch einmal: »Die Sterne erzwingen nichts, sie machen

nur geneigt.« Ich wünsche Ihnen einen besonders guten und hellen Stern auf Ihrem Lebensweg!

Astrologie ist sowohl eine »Wissenschaft« wie eine »Kunst«. Allerdings ist sie keine »objektive« Wissenschaft wie die Physik, sondern eher eine »subjektive« wie die Psychologie. Ihre Kunst besteht darin, Zusammenhänge zwischen dem großen All und dem kleinen Menschen zu erfassen und dem Ratsuchenden auf eine Weise nahezubringen, die aufschlußreich und helfend, aber nicht einschränkend oder festlegend wirkt.

2. Kräfte der Persönlichkeit

Warum die Gestirne wichtiger sind als die Tierkreiszeichen – Zur Bedeutung von Sonne, Mond und Planeten mit traditionellen und psychologischen Schlüsselworten

Die Astrologie geht von folgender Überlegung aus: Die Gesetze, die den Himmel dort oben bestimmen, den Makrokosmos der Gestirne, sind grundsätzlich dieselben, welche den Menschen hier unten bestimmen, den Mikrokosmos. Wenn man die Gesetzmäßigkeiten der Gestirne und ihre zeitlichen Abläufe versteht und auf das Leben hier überträgt, so kann man zu sinnvollen und hilfreichen Einsichten und Aussagen gelangen. »Wie oben, so unten.«

Die zwölf Tierkreiszeichen von Widder bis Fische kennen die meisten Menschen schon aus den unvermeidlichen Zeitungshoroskopen. Dort steht, was der Tag, die Woche oder der Monat (angeblich) bringen sollen, bezogen auf das Zeichen, in dem sich die Sonne zum Zeitpunkt der Geburt befand.

Die Sonne ist zweifellos der wichtigste Himmelskörper für uns Menschen – sowohl physikalisch wie astrologisch –, aber nicht der einzige. Auch der Mond spielt für unser Leben eine große Rolle, wie das wachsende Interesse an Mondkalendern belegt. Im Horoskop geht es aber um mehr als Sonne und Mond, es geht um alle Planeten unseres Sonnensystems sowie um einige Achsen beziehungsweise rechnerische Punkte, die sich aus den Schnittpunkten von Planetenbahnen ergeben.

Nicht der Tierkreis ist am wichtigsten, sondern Sonne, Mond und Planeten (die man der Einfachheit halber insgesamt als

»Planeten« bezeichnet). Denn die Planeten symbolisieren verschiedene Persönlichkeitskräfte, die im Menschen wirken. In jedem Menschen sind all diese Kräfte angelegt – es kommt darauf an, wie stark oder schwach sie sind, wie sie zueinander stehen, in welchen Lebensbereichen sie auf welche Weise eingesetzt werden und welche Umwelteinflüsse auf sie einwirken. All das kommt im Horoskop symbolisch zum Ausdruck.

Der Tierkreis ist dabei lediglich ein Meßband oder Meßkreis, der angibt, wo bestimmte Planeten von der Erde aus betrachtet zu einem bestimmten Zeitpunkt am Himmelsrand stehen. Das Horoskop ist nichts anderes als eine zweidimensionale grafische Darstellung der Himmelsorte von Gestirnen zu einem festgelegten Zeitpunkt.

Hier eine einfache Faustregel zur Deutung des Horoskops:

- Zehn Planeten symbolisieren in der Astrologie lebendige Kräfte und Funktionsprinzipien im individuellen Menschen.
- Zwölf Zeichen des sogenannten Tierkreises zeigen, wie diese Kräfte durch universelle beziehungsweise kollektive Prägungen gefärbt werden.
- Zwölf Häuser versinnbildlichen, in welchen konkreten Bereichen des Lebens sich die Kräfte ausdrücken.
- Aspekte zwischen den Planeten weisen darauf hin, wie die Kräfte aufeinander wirken beziehungsweise welche Beziehungen sie miteinander eingehen.
- Zusätzliche rechnerische Punkte (Schnittpunkte von Planetenbahnen, Horoskopachsen, wie zum Beispiel Aszendent-Deszendent beziehungsweise gedachte Punkte) machen weitere Differenzierungen möglich.

Kurz gesagt:

- Planeten sind das *Was* im Leben.
- Zeichen sind das *Wie* im Leben.
- Häuser sind das *Wo* im Leben.
- Aspekte sind das *Wie* zwischen zwei oder mehr Kräften und Funktionsprinzipien.

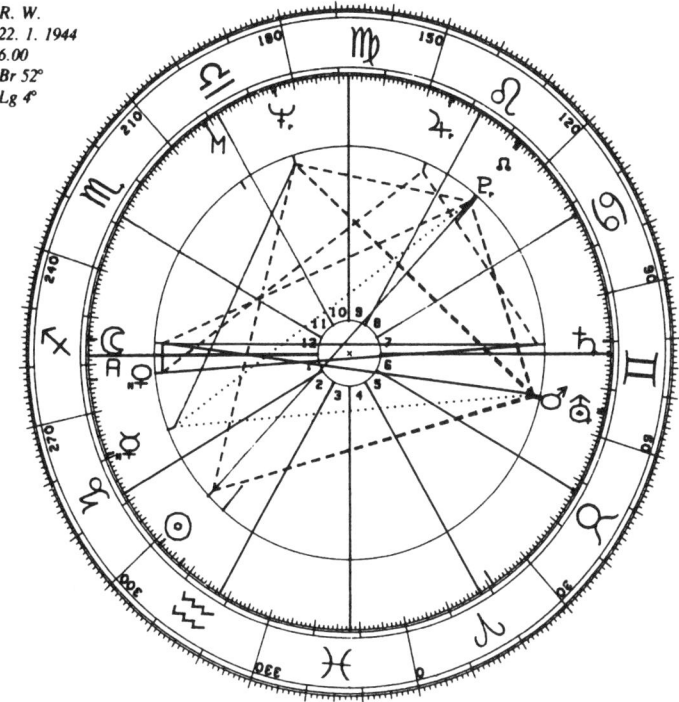

Abb. 1: Eine Horoskopdarstellung als typischer Computerausdruck. Die zwölf Tierkreiszeichen sind die gleichgroßen Abschnitte des Kreisrings von 360 Grad. Sonne, Mond und Planeten sind mit ihren Symbolen am Innenring dargestellt. Die Striche markieren die Aspekte zwischen den Planeten. Die zwölf Häuser sind als »Tortenstücke« eingezeichnet.

Sonne: Kraft des Lebens und des Bewußtseins

Ohne die Sonne wäre das Leben auf der Erde nicht denkbar. Die Sonnenenergie macht wichtige Lebensprozesse möglich und hält sie in Gang. Sie spendet Licht und Wärme, sie bewirkt die Blüte der Flora und die Entfaltung der Fauna. Das Licht der Sonne erhellt unsere Wege am Tage und läßt uns in den meisten Nächten durch den Widerschein des Mondes noch einen Pfad erkennen.

Ohne die Sonne gäbe es Tag und Nacht nicht. Erst die Sonne schafft diese Zeiteinteilung. Dasselbe gilt für das Jahr mit seinen unterschiedlichen Jahreszeiten, die dadurch bestimmt werden, in welcher Weise sich die Erde der Sonne zu- oder von ihr abwendet. In frühen Kulturen wurde die Zeit oft zunächst nach den Mondphasen von Neumond über Halbmond zu Vollmond eingeteilt, weil man beobachten konnte, daß die Mondbahn alle 27 1/3 Tage einmal die Sonnenbahn durchmaß. Daher die Monate und die heute noch gültigen Regeln des jüdischen und islamischen Kalenders. Man stellte durch Himmelsbeobachtung jedoch auch schon früh fest, daß sich die Sonne im Verhältnis zum Maßband der vermeintlich unbeweglichen Fixsterne pro Tag ungefähr ein Grad vorwärts beziehungsweise nach Westen bewegte und daß sie nach einer bestimmten Zeitdauer, eben nach dem dann so bezeichneten Jahr, mit 360 Grad ihren Kreislauf wieder von vorne begann. Erst später entdeckten scharfsinnige Forscher, daß nicht die Sonne, sondern die Erde sich bewegt – die Sonnenbahn also nur eine scheinbare ist. Das Wort »Jahr« wird übrigens nach meinem Herkunftswörterbuch entweder aus einem alten Wort für Frühling oder einem Begriff für »Gang der Sonne« abgeleitet. Das Wissen über den voraussichtlichen Sonnen- und Mondstand hatte zum Beispiel für die Landwirtschaft und Fischerei eine entscheidende Bedeutung für die Vorausberechnung der Saat-, Reife- und Erntezeiten, für Fruchtbarkeitsperioden, die auf geheimnisvolle Weise mit dem Mondlauf verbunden schienen, für Ebbe, Flut und Sturmfluten bei bestimmten Finsternissen und dergleichen mehr. Wir können festhalten: Die Sonne teilt unser Jahr und unseren Tag ein, sie ist also der große Zeitmesser.

Es scheint mir wert, daran zu erinnern, daß in unserer Sprache die zentrale Quelle von Licht und Leben weiblich ist, unser Erdtrabant, der das Licht dieser Sonne nur widerspiegelt, jedoch männlich. Darin kommt zum Ausdruck, daß die Urgottheit zunächst als weiblich angesehen wurde. Erst mit dem Vordringen der griechisch-römischen Kultur wurden die Kräfte der weiblichen Gottheiten, vor allem jene der Sonne, männlichen Gottesgestalten zugewiesen. Das hatte auch etwas mit dem sich ausbreitenden und durchsetzenden Patriarchat zu tun. In den romanischen Sprachen stoßen wir auf diese Zuordnung: le soleil, il sole (für Sonne), la lune, la luna etc. (für Mond).

Die Sonne wurde von vielen alten Völkern verehrt, vor allem von landwirtschaftlich ausgerichteten Gesellschaften, in denen sie den Ernteerfolg bestimmte. Wir finden Sonnenkulte in Indien mit dem Sonnengott *Surya*, in Afrika, Mesopotamien, in Ägypten mit *Amon-Re*. In Griechenland galt zunächst *Helios* als Sonnengott, der Lenker des feurigen Pferdegespanns, das er als Sonnenlicht jeden Tag über die Himmel fuhr. Später jedoch wird *Apollo*, der unter anderem als Begründer des weltberühmten Orakels von Delphi jahrhundertelang verehrt wurde, zum Gott des Lichts und zum Symbol der Sonnenkraft. Sonnenkulte gab es auch im England der Druidenkultur mit Stonehenge als bekanntestem steinernen Zeugnis eines frühen Sonnen- und Sternenkalenders sowie bei den Azteken und bei etlichen Indianerstämmen Nordamerikas.

Es ist selbstverständlich, daß die Sonne im Mittelpunkt von Mythen und Kosmologien stehen muß – zu gewaltig und offensichtlich sind ihre lebensspendenden und erhaltenden Funktionen für die Erde.

Das astrologische Zeichen für die Sonne ist ein Kreis mit einem Punkt in der Mitte. Der Kreis symbolisiert die Ganzheit des Lebens und der Schöpfung, der Punkt weist auf den geistigen und schöpferischen Lebenskern, den göttlichen Funken beziehungsweise die Bewußtheit der Seele hin, die sich in einem Leben zum Ausdruck bringt.

Als positive Schlüsselworte für die Deutung der Sonne in der Astrologie gelten allgemein:

- Lebenskraft, Vitalität, Kreativität, Selbstvertrauen, Lebensziele, Selbstverwirklichung, Bewußtheit, Geist, Selbst, Souveränität, Großzügigkeit, Führungseigenschaften;
- Liebe, die Fähigkeit zu geben und zu empfangen, Loyalität;
- Fröhlichkeit, Warmherzigkeit, Charme, Ehrgefühl;
- Lebenswille, Zielstrebigkeit;
- Macht, Ehre, Ruhm, Autorität;
- Gesundheit;
- Mann, Vater, Beziehungen mit männlichen Personen, Männlichkeit;
- manchmal auch Kinder allgemein.

Als Kernbegriffe für eine geschwächte oder übertriebene Sonnenkraft finden wir:

- Passivität, Hyperaktivität, Selbstüberschätzung, Stolz,
- Dominanz, Grausamkeit, Hochmut, Arroganz, Angebertum, Aggressivität, Starrheit, Egoismus, Extravaganzen.

Die Sonne ist im Zeichen Löwe und im 5. Haus betont. In Horoskopen von Frauen verkörpert die Sonne unter anderem den Mann beziehungsweise den männlichen Partner; in allen Horoskopen den Vater. In politischen Horoskopen symbolisiert sie Herrscher, Präsidenten, hohe Würdenträger, die Regierung und den Staat schlechthin.

In bezug auf den menschlichen Körper und Organismus repräsentiert die Sonne das Herz, die Arterien, den Rücken, das rechte Auge bei Männern, das linke bei Frauen (nach Vehlow), das Gehirn, die vasomotorischen Nerven und die rechte Körperseite. Spannungsaspekte zur Sonne würden in der medizinischen Astrologie also zu Deutungen über diese Körperteile beziehungsweise Organe führen.

Unter Steinen und Metallen werden Diamant, Rubin, Hyazinth, Sonnenstein sowie Gold und Platin als zur Sonne gehörig genannt. Als Sonnentiere gelten Löwe, Adler und Falke, vielleicht auch der Hahn. Alle gelben, goldgelben, golden oder hell leuchtenden Farben stehen für die Sonne.

Als Sonnenorte können wir sonnige und gesunde Gegenden betrachten, Täler und Äcker, öffentliche Plätze, vor allem Ehrenplätze, Schlösser und Paläste, Regierungsgebäude und Museen. Als Himmelsrichtung ist der Osten als Ort des Sonnenaufgangs der Sonne zugeordnet.

Typische Sonnenberufe haben Goldschmiede und Juweliere, hohe Beamte und Politiker, Direktoren, Diplomaten, Spekulanten, Börsenmakler, Kunsthändler und unter Umständen auch Kunstschöpfer sowie der Hochadel, soweit er noch regiert.

Charakteristische Aspekte von Schicksalen, die symbolisch durch die Sonnenkraft bestimmt werden, sind Erwerb von Reichtum, Ausübung von Machtbefugnissen, Siege und Erfolge aller Art (auch im Sport), erstaunliche Karrieren und Aufstiege sowie öffentliche Ehrungen, Ruhm und Auszeichnungen.

Die Kehr- oder Schattenseite dieser Medaille wäre ein Schicksal, das von Sturz aus hoher Stellung, Fall in Ungnade oder Unehre, enttäuschten Hoffnungen, schweren Schicksalsschlägen (z.B. schwerer Krankheit) und Erniedrigungen bestimmt ist.

Im Anhang finden Sie eine Tabelle zum Nachschlagen Ihres Sonnenstands in Ihrem Tierkreiszeichen (→ S. 135).

Mond: Kraft des Gefühls und des Gemüts

Der Mond repräsentiert die psychischen Funktionen des Menschen, er ist ein Mittler zwischen Geist und Körper.

Er symbolisiert im Familienleben die Mutter, die Partnerin sowie die Frau allgemein.

In politisch-gesellschaftlicher Hinsicht repräsentiert der Mond das Volk, die Demokratie und die Öffentlichkeit (während die Sonne für deren Regierung steht).

Der Mond symbolisiert zudem die Nacht und Träume.

Dem Anthroposophen Rudolf Steiner galt er als Tor der Seele zur Vergangenheit; in der Meditation nach den Lehren von *Sant Mat* erscheint der Mond der Seele am Anfang des Aufstiegs in die Astralebene. Der Prophet Mohammed sprach davon, daß er den gestirnten Himmel durchflogen und dann den Mond »entzwei«-geschlagen habe. Dahinter sei ihm der Erzengel Gabriel erschienen und habe ihm den Koran als Gotteswort enthüllt.

Eine starke Mondstellung im Horoskop läßt auf ein Leben voller Wechselfälle und Veränderungen schließen, mit einer unbeständigen Lebensführung oder vielen Reisen.

Wenn der Mond fördernde Aspekte genießt, dann deutet er auf Erfolge und öffentliche Anerkennung hin (was natürlich nicht »Starruhm« heißen muß, sondern sich auf den jeweiligen Lebensrahmen des Horoskopinhabers bezieht und auf das, was Öffentlichkeit für ihn bedeutet).

Erfährt der Mond dagegen herausfordernde Aspekte durch andere Planeten, so muß man zeitweise seelische Bedrückungen und melancholische Anwandlungen überwinden lernen sowie mit sogenannten Schicksalsschlägen beziehungsweise häufigem Auf und Ab bezüglich Beruf, Wohnort, Partnerschaft und Familie und/oder Gelddingen fertig werden.

Der Mond regiert Wasser – das Meer, Flüsse und Seen, und damit auch die Schiffahrt –, das Pflanzenwachstum sowie das Wachstum generell, den Keim und seine Reifung; nach Vehlow hat er interessanterweise auch einen Einfluß auf die freie Heilkunde.

Der Mond vertritt astrologisch den gesamten Flüssigkeitshaushalt des menschlichen Organismus sowie Magen, Bauch, Darm und Blase, die weiblichen Geschlechtsorgane einschließlich der Brüste und natürlich Menstruation und Empfängnis, Schwangerschaft und Geburt; nach Vehlow repräsentierte er das sympathische Nervensystem; zudem steht er für das rechte Auge bei Frauen und das linke bei Männern (die Sonne repräsentiert das jeweils andere Auge), für Drüsengewebe und Lymphgefäße sowie für die gesamte linke Körperhälfte und schließlich auch für die Verflüssigung und Aufnahme unserer Nahrung und deren Ausscheidung.

Der Mond hat auch einen Bezug zu Mondstein, Opal, Perlen, Smaragd, Quarzkristall und Glas. Silber und Aluminium werden als zum Mond gehörig gesehen.

Von den Wochentagen gehört der Montag zum Mond, von den vier Himmelsrichtungen ist ihm der Westen zugeordnet, bei den Farben alle weißen, weißgelben, silbergrauen, silbrig-schimmernden und violetten (!) Schattierungen.

Positive Deutungen im Horoskop sind vor allem:

- Materie, Form, Stofflichkeit, Wachstum;
- Weiblichkeit, frauliche Reife, Mütterlichkeit, nährende Qualitäten;
- Liebe für das Heimatland, freie Landschaften und Gewässer;
- Anpassungsfähigkeit, Sensibilität, Empfindsamkeit, Empfänglichkeit;
- Gefühl, Psyche, Seelisches im Sinne von Seele = Gemüt (nicht Seele = ewiges Selbst);
- Reflektion, Widerspiegelung, Vorstellungskraft, Phantasie, Kreativität, Träumerei, Medialität, Magnetismus;

- Häuslichkeit, Familie, Kinder;
- Nahrung, Ernährung, Kochen;
- Sympathie, Liebe, Freundlichkeit;
- Unbewußtes, Unterbewußtsein, Erinnerung, Vergangenheit;
- Gewohnheiten, Ererbtes;
- Öffentlichkeit, Menge, Masse, Volk.

Einige Herausforderungen durch den Mond sind:

- das Bedürfnis nach emotionaler Sicherheit, das Bedürfnis, verstanden zu werden;
- wechselhafte Stimmungen und Launen;
- übertriebene »Gluckenmentalität« und erdrückende Fürsorge;
- Materialismus oder zu starke mediale Beeinflußbarkeit;
- Passivität, Vermischung von inneren und äußeren Wirklichkeiten, emotionale Verletzlichkeit;
- (unbewußte) Abhängigkeiten.

Im Anhang finden Sie eine Formel, mit der Sie ausrechnen können, in welchem Tierkreiszeichen der Mond in Ihrem Geburtshoroskop steht (→ S. 142).

Merkur: Kraft des Denkens und der Kommunikation

Merkur oder Hermes, das ist der Götterbote, der als Übermittler wirkt, als Händler, manchmal auch als Gaukler. Der physische Planet ist nie mehr als 29 Grad von der Sonne entfernt, daher sind Konjunktionen nicht selten, während es keine Sextile oder noch größere Aspekte gibt (zur Erläuterung von Konjunktionen, Sextilen und anderen Aspekten → S. 75).

Sprache und Nachrichten gehören symbolisch zu diesem Himmelskörper, ebenso der Intellekt und die Lernfähigkeit, Kontakte aller Art sowie Flexibilität im Umgang mit Menschen und Situationen. Handel, Kommerz und die Handhabung von Geld allgemein entsprechen ihm ebenfalls.

In der psychologischen Astrologie steht Merkur für Offenheit beziehungsweise die Öffnung für den Austausch und somit für den sinnvollen Einsatz der Verstandesgaben und die konstruktive Kommunikation. Dieser Planet gilt als neutral, ist also weder männlich noch weiblich, weder Yang noch Yin. Er macht Mitteilungen, teilt also etwas mit anderen. Im Horoskop ist er ein Hinweis darauf, wo und wie wir unsere Sonnen- und Lebenskraft mitteilen (da er immer nahe bei der Sonne bleibt). Wenn er in starken Aspekten zu anderen Planeten steht, zeigt er an, wie und wo er deren Kräfte weiterträgt und austauscht.

Ein bewußter Mensch setzt seine Merkurkraft dazu ein, geistige Klarheit zu gewinnen und sich auf dieser Grundlage mit anderen auszutauschen. Ein unbewußter Mensch ist versucht, Cleverness an die Stelle von Klugheit treten zu lassen.

Venus: Kraft der Liebe und der Harmonie

Der Planet Venus entfernt sich nie sehr weit von der Sonne (maximal 48 Grad) und kann daher außer in Konjunktion nur in kleineren Aspekten zu ihr stehen, die man Halbsextil, Novil und Halbquadrat nennt (nähere Erläuterungen zu den Aspekten finden Sie auf S. 75).

Traditionell repräsentiert die Venus Harmonie, Kunst, Ästhetik, Freude an Werten und Komfort, Zärtlichkeit, Sinnlichkeit und weibliche Libido. Im Beziehungshoroskop steht sie auch für eine junge Frau oder Schwester.

Psychologische Entsprechungen der Venus sind Eigenschaften wie Beziehungsfähigkeit, Streben nach Liebe und Sehnsucht oder Desinteresse an Verbindungen beziehungsweise Intimität mit anderen (die nicht immer nur erotisch gefärbt sein muß).

Anhand der Venus sehen wir im Bild des karmischen Horoskops, wie der/die betreffende Horoskopinhaber/in mitmenschliche Nähe sucht, braucht oder ablehnt. Man bemüht sich, vor allem das wahrzunehmen, was verbindet, nicht das, was trennt. Die Venusstellung zeigt uns über Häuser, Zeichen und Aspekte, in welchem Lebensbereich und auf welche Weise sich das natürliche Streben des Menschen nach zwischenmenschlicher Liebe zu entfalten sucht. Der Wunsch nach persönlicher Wertschätzung und seine Erfüllung sowie die Art, wie menschliche Verbindungen gelebt werden, ist Teil des Gesamtkarmas, mit dem sich der/die Horoskopinhaber/in bewußt beschäftigen sollte.

Ein bewußt lebender Mensch findet echte liebevolle menschliche Verbindungen, ohne sich durch momentane sinnliche Freuden vom Weg abbringen zu lassen. Ein unbewußt lebender Mensch sucht im reizvollen Schein vergebens nach inneren Werten.

Mars: Kraft des Willens und des Triebs

Pioniergeist, Triebkraft, Durchsetzungsfähigkeit und Risikobereitschaft sind typische Entsprechungen für den Planeten Mars, auch die männliche Libido. Im Beziehungshoroskop steht der Mars auch für einen jungen Mann oder Bruder.

Psychologisch betrachtet stehen die Begriffe Initiative und Energie im Vordergrund. »Leben heißt handeln«, lautet ein Motto des Marstyps. Was beginnt der Mensch, und wie beginnt etwas, welche Vorhaben setzt er konkret um und auf welche Weise tut er das? Der Mars signalisiert im Horoskop, in welchem Lebensbereich und in welcher Verbindung mit anderen Planetenkräften die Person sich nach außen, in die Welt, wendet.

Als Teil der karmischen Gesamtaufgabe weist die Marsposition in Häusern und Zeichen und über ihre Aspekte darauf hin, mit welchen Zielen und Themen sich der Mensch äußerlich sichtbar manifestieren will beziehungsweise welche Absichten er energisch entfalten möchte.

Ein bewußter Mensch setzt seine Energie gezielt und beherrscht unter der Führung der Seelenkraft ein. Ein unbewußter Mensch läßt sich von seinen jeweiligen Impulsen zur Aktion verleiten, ohne dabei an die Konsequenzen zu denken.

Jupiter: Kraft der Entfaltung und des Sinns

Optimismus, Freiheitsliebe, Grenzüberschreitungen im geographischen und im geistigen Sinne, Sinnbedürfnis, Recht, Philosophie, Religion sind einige der klassischen Stichworte zum Planeten Jupiter. Früher nannte man das »große Glück« (in jeder Beziehung) Jupiter und das »kleine Glück« Venus. Im Beziehungshoroskop kann der Jupiter für einen anderen Menschen stehen, der »Glück« bringt; in Indien steht er auch für den spirituellen Lehrer.

Das Prinzip der Entwicklung durch Expansion, durch Entfaltung, gehört ebenfalls zum Jupiter (siehe dazu auch Saturn mit dem entgegengesetzten Entwicklungsprinzip, der Konzentration, S. 30).

Im spirituellen Sinne repräsentiert Jupiter die Kraft in uns, Erfahrungen und Erkenntnisse in einem größeren Zusammenhang zu sehen und Neues so aufzunehmen, daß es sich in ein großes Ganzes fügt. »Wer ein ›Warum‹ des Lebens kennt, kann das ›Wie‹ des Lebens tragen.«

Der Jupiter zeigt an, in welchem Bereich und auf welche Weise es uns karmisch gesehen »leicht« fällt, unser Bewußtsein zu öffnen, Ideale und Sinn zu erkennen und darauf aufbauende Einstellungen und Verhaltensmuster zu verwirklichen.

Ein bewußter Mensch stellt überpersönliche Ideale, persönlichen Lebenssinn und die eigene Erfahrung höherer Dimensionen in den Mittelpunkt seiner Entwicklung. Ein unbewußter Mensch gibt sich mit traditionellen Formen und dogmatischen Formeln zufrieden.

Saturn: Kraft der Konzentration
und der Verantwortung

Zum Saturn gehören traditionell Schlüsselbegriffe wie Pflichtgefühl, Leistungsbereitschaft, Grenzen, Beschränkung, Sicherheitsstreben und -bedürfnis, Struktur und Sitte. Im Beziehungshoroskop steht dieser Planet für einen älteren Mann, unter Umständen auch für den Vater oder einen Lehrer.

In der psychologischen Astrologie beziehen wir den Saturn auf Begriffe wie Verantwortung, Disziplin, methodisches Vorgehen und Vertiefung sowie Zeit. Der Saturn repräsentiert das Prinzip der Entwicklung der Persönlichkeit durch Begrenzung, Aufgabe und Loslassen (freiwillig oder nicht) – also durch die Konzentration auf das Wesentliche. »Umsicht und Beharrlichkeit bringen dich ans Ziel«, so könnte ein Saturn-Motto lauten.

Mythologisch gesehen ist Saturn bekanntlich der Hüter der Schwelle am Tor des Übergangs vom Leben zum Jenseits und damit der Zeitsetzer schlechthin. Als angeblich großer Bösewicht neben Mars, dem kleinen Bösewicht, war er im Mittelalter wohl deshalb (und heute noch?) berüchtigt, weil er als Hüter nur das körperlose Etwas ins Jenseits passieren läßt und daher mit dem Körpertod gleichgesetzt wurde.

Da Saturn oft als Störenfried des sonst vermeintlich bestehenden Horoskopfriedens angesehen wird, hat sich eingebürgert, ihn als den Karmaplaneten schlechthin zu betrachten. Er gilt daher als Anzeiger großer Herausforderungen, schwieriger Probleme, hartnäckiger Widerstände und dunkler Schatten. Im Gesamtkarma unseres Lebens sehe ich ihn eher als ein Symbol dafür, wo und wie wir durch Unterscheidungskraft für das Wesentliche und Notwendige und durch unumgängliche Einsicht in das Gesetz von Ursache und Wirkung der Verantwortung gerecht werden, unseren Lebensplan zu erfüllen. Somit bringt die Saturnkraft nicht die falsche Sicherheit materieller Formen, sondern die echte Sicherheit des unvergänglichen Geistes.

Bewußte Menschen setzen sich mit ihrer Zeitlichkeit (also Sterblichkeit!) auseinander und ziehen daraus die richtigen Schlüsse. Sie erspüren die Aufgaben ihrer Zeit und bemühen sich, sie zu erfüllen. Unbewußt lebende Menschen sträuben sich gegen das Thema Zeitlichkeit, weichen diesen Fragen ganz aus oder nehmen eine zynische Haltung ein.

Uranus: Kraft der Freiheit und der Intuition

Alles Unvorhergesehene, plötzliche Ereignisse und Entwicklungen, Veränderungen und Störungen, Revolutionen, Instabilität, Exzentrik und Erfindungsgeist sind typische Entsprechungen des Uranus. Auch Elektrizität und das Massenmedium Fernsehen gehören zu Uranus (Film entspricht dagegen Neptun). Der Uranus gilt bisweilen als die höhere Oktave des Merkur (und ist dementsprechend weder männlich noch weiblich, weder positiv noch negativ, sondern neutral).

In der psychologischen Betrachtungsweise des Horoskops sehen wir Uranus als Symbol für Transformation durch Öffnung für höhere Intuition, als kreative Grenzüberschreitung vom Alten zum Neuen (als Reaktion auf Beschränkungen durch die Saturnkraft). Das Ich befreit sich aus vermeintlichen oder tatsächlichen Bindungen, um neue Dimensionen zu erkunden. Hier findet ein Aufbruch zum Neuen und die Befreiung des Ichs statt.

Karmische Themen sind Unabhängigkeitsstreben, Grenzerfahrungen, ungezielte Denkweisen, ungewöhnliche Verhaltensmuster, der Drang nach Freiheit und die Fähigkeit (oder Unfähigkeit), auf überraschende Veränderungen schnell zu reagieren.

Bewußt lebende Menschen begreifen die Uranuskraft als Anstoß, sich für Spontaneität und neue Perspektiven zu öffnen, und integrieren diese in ihren Lebensplan. Unbewußt lebende Menschen sehen in ständiger Revolution einen Wert an sich und übersehen dabei, daß Ordnung ein grundlegendes kosmisches

Prinzip ist (sonst würden die Himmelskörper ja wild durcheinanderfliegen!); oder sie verwechseln das Ausleben vorübergehender Ich-Impulse mit wahrer Freiheit.

Neptun: Kraft der Hingabe und der Auflösung

Phantasie und Einfühlungsvermögen, Beeindruckbarkeit, Ahnungen, aber auch Illusionen sowie mediale Gaben und Erfahrungen werden dem Neptun üblicherweise zugeschrieben. Das Massenmedium Film, Channelling sowie sanfte Heilweisen gehören gleichfalls zum Neptun. Während es bei Uranus um unerwartete Wendungen geht, handelt es sich bei Neptun um langsame, fast unmerkliche Entwicklungen (ein Negativbeispiel wären hier schleichende Süchte). Der Neptun wird manchmal als die höhere Oktave der Venus bezeichnet.

In der psychologischen Astrologie sehen wir diesen Planeten als Tendenz, sich von Ich-Grenzen zu befreien, alte Strukturen aufzulösen und sich für überpersönliche, seelische Dimensionen zu öffnen; er steht zudem für Meditation. Während es beim Uranus um die Befreiung des Ichs ging, sucht der Neptun die Befreiung *vom* Ich! Hier handelt es sich nicht um plötzliche oder blitzartige Veränderungen, sondern um ein allmähliches Loslassen und Einlassen.

Karmische Themen sind unter anderem Verschmelzungsbedürfnis und kosmisches Bewußtsein, Vertrauen ins Leben und Friedensliebe, Realitätsflucht, blinder Idealismus sowie unkritische aktive oder passive Idolisierungen.

Bewußte Menschen erleben die Neptunkraft als Bemühung um universelle Systeme und Werte wie Humanismus und Spiritualität. Unbewußt lebende Menschen sind in Gefahr, sich in bodenlosen Phantasien zu verlieren oder den Wert ihrer eigenen Persönlichkeit zu negieren.

Pluto: Kraft der Umwandlung und der Grenzüberschreitung

Machtstreben und gewaltige Einflüsse des Kollektivs (von Modeunfug bis Führergefolge), Urängste und Schuldgefühle, Tod und Wiedergeburt, Sexualität und Magie, Atomkraft und Zellenergie gehören als Schlüsselbegriffe zu Pluto, der 1930 zeitgleich mit der Entdeckung der Atomspaltung nachgewiesen wurde. Er ist ein besonders starker Planet, der allerdings »überpersönlich« wirkt und deshalb häufig als kollektive Kraft erfahren wird. Der Pluto ist so etwas wie die höhere Oktave des Mars. Als letzter derzeit bekannter Planet unseres Sonnensystems stellt er eine Brücke zwischen unserer unmittelbaren, relativ kleinen kosmischen Umgebung am Rande des Universums und dem großen, weiten All dar. Psychologisch betrachten wir ihn daher vor allem als Symbol für eine tiefgreifende, alle Zellen des Menschen ergreifende und dabei überpersönliche Transformation.

Karmisch gesehen bringt Pluto Themen mit sich wie Erneuerung von Grund auf, Regeneration, Überwindung von Raum und Zeit sowie Chancen und Grenzen der Selbstverwirklichung.

Bewußte Menschen erleben die Plutokraft als Aufforderung, sich mit Licht und Schatten auseinanderzusetzen. Sie stellen fest, daß die weltliche Sphäre mit ihrem materiellen Licht immer Schatten werfen wird und daß man nur in den geistigen Dimensionen der Seele das schattenlose schöpferische Licht der Gotteskraft wahrnehmen kann (siehe auch »Das Tao der Astrologie«, S. 131). Unbewußte Menschen sehen sich als Opfer finsterer Mächte – ohne zu bemerken, wie sehr sie selbst am leidvollen Schauspiel des Lebens Anteil haben –, oder sie verfolgen Ziele rücksichtslos, fanatisch und ferngesteuert von einer ihnen unbewußten Kontrolle durch Wahnvorstellungen oder Idolfiguren.

3. Grundstimmungen der Seele

Der Tierkreis als Meß- und Farbkreis – Zur
Bedeutung der zwölf Tierkreiszeichen als
Raumordnung und als Färbung der Gestirne

Wie der führende deutsche Astrologe Bernd A. Mertz immer
wieder betont hat, handelt es sich beim *Tierkreis* um einen gedachten, nur in unserer Vorstellung *konstruierten Meßkreis* aus
zwölf Zeichen mit jeweils 30 Grad Ausdehnung, die zusammen
den 360 Grad-Kreis der astrologischen Zeichen bilden.

Die diesem Meßkreis mythologisch zugrundeliegenden *Fixsternkonstellationen* haben mit dem in der westlichen Astrologie
benutzten *Tierkreis* nichts gemeinsam außer dem Namen! Die
Konstellationen verbinden extrem weit auseinanderliegende, in
keiner Weise zusammengehörige Fixsterne zu »Sternbildern«, die
darüber hinaus unterschiedlich groß sind und keineswegs alle
genau 30 Grad betragen.

Im übrigen haben sich die Himmelsorte der zwölf Sternbilder,
also der Fixsternkonstellationen, die wir am Himmel sehen,
durch einen astronomischen Vorgang, den man Präzession
nennt, um rund 23 Grad gegenüber dem immer gleichen Meßkreis des astrologischen Tierkreises verschoben.

Der 360 Grad-Meßkreis wird mehrfach unterteilt. Zunächst
einmal gibt es bekanntlich zwölf Tierkreiszeichen. Sie gelten abwechselnd als »männlich« und »weiblich« oder als »aktiv« und
passiv«. Der Tierkreis der Astrologie beginnt mit dem »männlichen«, »aktiven« Widder, ihm folgt der »weibliche«, »passive«
Stier, und so fort.

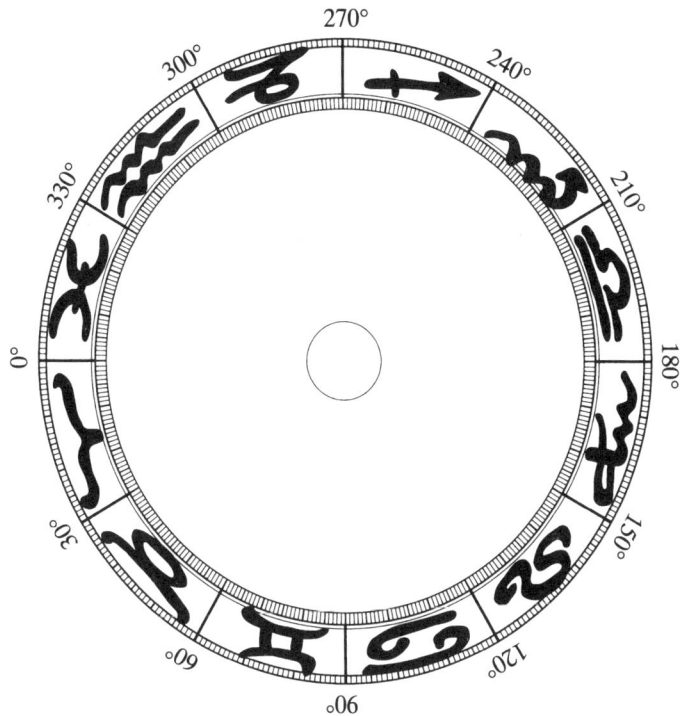

Abb. 2: Der Horoskopkreis mit den zwölf Tierkreiszeichen von Widder bis Fische, die je 30 Grad ausmachen. (Darstellung: Astrodata)

Daneben gibt es auch eine Einteilung nach den vier Elementen Feuer, Erde, Luft und Wasser:

- Feuer = Energie, Aktion
  Widder, Löwe und Schütze werden durch das Feuerelement bestimmt. Typische Charaktere bei diesem Element sind extrovertierte Choleriker. Intuition, Kraft und Aktion sind hier besonders ausgeprägt.

- Erde = Beharrlichkeit, Abwarten
  Stier, Jungfrau und Steinbock zählen zu den Erdzeichen. Der
  Typ des introvertierten Phlegmatikers gehört hierher. Schlüsselworte für das Erdelement sind Besitz, Sicherheit und empfindsame Beharrlichkeit.
- Luft = Beweglichkeit, Austausch
  Zwillinge, Waage und Wassermann werden dem Luftelement
  zugeordnet. Bei diesem Element ist der extrovertierte Sangui-
  niker typisch. Denken, Austausch und Vielseitigkeit sind hier
  stark entwickelt.
- Wasser = Anpassung, Weichheit
  Krebs, Skorpion und Fische sind astrologisch betrachtet Wasserzeichen. Der Typ des introvertierten Melancholikers beschreibt dieses Element am besten. Gefühle, Anpassung und
  Phantasie sind ausgeprägte Merkmale.

Eine weitere Unterteilung des astrologischen Tierkreises führt zu
drei Grundarten der Lebensmotivation:

- Aufbauzeichen
  Widder, Krebs, Waage und Steinbock gehören zu den »kardi-
  nalen« Zeichen. Ihre Grundausrichtung ist aufbauend, for-
  mend, schöpferisch und richtungweisend.
- Festigungszeichen
  Stier, Löwe, Skorpion und Wassermann sind »fixe« Zeichen.
  Ihre Grundausrichtung ist fixierend, konzentriert, beharrlich
  und stabilisierend.
- Veränderungszeichen
  Zwillinge, Jungfrau, Schütze und Fische nennt man »verän-
  derliche« Zeichen. Ihre Grundausrichtung ist vor allem be-
  weglich, lebhaft, ideenreich und anpassungsfähig.

Zunächst einmal stellt man in der Astrologie fest, wo sich ein
Gestirn befindet. Man sagt zum Beispiel: »Die Sonne steht bei 10
Grad Löwe« oder »der Mond steht bei 20 Grad Waage«. Ge-

messen am Tierkreisband, steht die Sonne also im Abschnitt Löwe und der Mond im Abschnitt Waage. Der Tierkreis dient somit dazu, eine »Ortsangabe« machen zu können.

Aber was »macht« dieser Tierkreis nun eigentlich? In der psychologischen Astrologie »macht« er selbst gar nichts! Vielmehr dient er als »Hintergrund«, vor dem sich die Kraft eines Planeten entfaltet. Damit strahlen typische Eigenschaften des Tierkreiszeichens auf die dort befindlichen Planeten ab, man sagt, daß der jeweilige Tierkreisabschnitt der Planetenkraft eine bestimmte »Färbung« gibt.

Kommen wir nun zu einer kurzen Beschreibung der typischen »Farben« der zwölf Zeichen und dazu, welche Färbung die Planeten erhalten, wenn sie in Ihrem Horoskop dort stehen. Die Sonne wird nicht gesondert behandelt, weil die Angabe zu den Eigenschaften sich bereits auf den Sonnenstand im jeweiligen Zeichen bezieht. »Negative« Merkmale gelten in der Astrologie immer nur als naheliegende Möglichkeiten, nie jedoch als feststehende Tatsachen!

Aussagen für Sonne, Mond, Merkur, Venus und Mars sind recht individuell zu sehen. Diese Himmelskörper laufen schnell durch den Tierkreis und sind von Person zu Person unterschiedlich.

Die »sozialen« Planeten Jupiter und Saturn bewegen sich langsamer und bleiben daher längere Zeit in einem Zeichen des Tierkreises; Deutungen zu ihrem Tierkreisstand gelten für alle Menschen, die zum Beispiel im selben Monat eines Jahres geboren sind.

Die sehr langsam laufenden »transpersonalen« Planeten Uranus, Neptun und Pluto stehen am längsten in ein und demselben Zeichen; deshalb gelten diesbezügliche Aussagen für ganze Jahrgänge.

Kernaussagen zu den zwölf Zeichen

Widder

Ich lebe, weil ich mache

Antrieb durch den Willen, Dynamik, Durchsetzungs- und Tatkraft, Pioniergeist, Impulsivität, Ungeduld, Draufgängertum, Begeisterungsfähigkeit. Besondere Beziehung zu Mars und zum 1. Haus.

MOND: Traum und Wille, idealistische Pläne, impulsive Gefühlsäußerungen, vielleicht Angst vor Identitätsverlust.

MERKUR: Vorwärtsdrängender Geist.

VENUS: Liebe und Energie.

MARS: Handlungsdrang und Tatendurst.

JUPITER: Freiheitsbedürfnis, Ideenreichtum, Führungsqualitäten.

SATURN: Vorsicht, Konzentration der Kräfte, Ausdauer.

URANUS: Plötzliche Energieentfaltung, Erfinder-Denken.

NEPTUN: Fernweh, Missionsdrang.

PLUTO: Pioniergeist und Tatkraft.

Stier

Ich lebe, weil ich erwerbe

Stoffliche Grundlagen, Sinnesfreude, Genuß, Realismus, Sicherheitsstreben, materielle Ausrichtung, Kraftreserven, Starrheit, Trägheit, Aufnahmefähigkeit. Besondere Beziehung zu Venus und zum 2. Haus.

MOND: Gefühl und Genuß, emotional eher beständig, Streben nach greifbaren Werten, Sorge vor Substanzverlust.

MERKUR: Praktischer Verstand.

VENUS: Liebe und Besitz.

MARS: Erwerbstrieb und Arbeitskraft.

JUPITER: Glück, Substanzbildung, Genußfreude, Großzügigkeit.
SATURN: Geduld, Sparsamkeit, langsamer Aufbau.
URANUS: Hartnäckige Neuerungssucht, abruptes Ende.
NEPTUN: Verbindung von Ästhetik und Lebenslust.
PLUTO: Verbesserung des Lebensstandards.

Zwillinge

Ich lebe, weil ich kommuniziere

Beweglicher Geist, Austausch, Beweglichkeit, Kontaktfreude, Neugier, Vielseitigkeit, Reizhunger, Oberflächlichkeit, Anpassungsvermögen. Besondere Beziehung zu Merkur und zum 3. Haus.

MOND: Seele und Kommunikation, wechselhafte Gefühle, lebhafter Gefühlsausdruck, möchte gern als informiert gelten.
MERKUR: Vielseitiger Austausch.
VENUS: Liebe und Kommunikation.
MARS: Entschlußfähigkeit und Handlungsbereitschaft.
JUPITER: Gesellschaftliche Gewandtheit, Studieninteresse, Sorglosigkeit.
SATURN: Gründlichkeit, wissenschaftliches Denken, beherrschte Rede.
URANUS: Offenheit für neue Formen der Kommunikation.
NEPTUN: Reiche Phantasie, Unentschlossenheit.
PLUTO: Erfindergeist, Entdeckungsreisen.

Krebs

Ich lebe, weil ich fühle

Das seelisch Schöpferische, Fürsorglichkeit, Anschmiegsamkeit, Phantasie, Schutzbedürfnis, Unselbständigkeit, Launenhaftigkeit, Einfühlungsvermögen. Besondere Beziehung zum Mond und zum 4. Haus.

Mond: Gefühl und Bindung, Mütterlichkeit, Fraulichkeit, Angst vor emotionaler Isolation.

Merkur: Empfindsames Denken.

Venus: Liebe und Gefühle.

Mars: Instinktives und stimmungsabhängiges Handeln.

Jupiter: Gefühlsreichtum, Anhänglichkeit, Verführbarkeit.

Saturn: Emotionale Klugheit, Fähigkeit, anderen Menschen emotionale Sicherheit zu geben.

Uranus: Sehnsucht nach ganzheitlicher Verbindung.

Neptun: Offenheit für Gefühlsansprache.

Pluto: Gesellschaftlicher Umbruch, Auflösung von Traditionen.

Löwe

Ich lebe, weil ich herrsche

Konzentration des Willens, Lebensfreude, Selbstbewußtsein, Risikobereitschaft, Wärme, Kreativität, Eitelkeit, Selbstherrlichkeit, Beschützungsvermögen. Besondere Beziehung zur Sonne und zum 5. Haus.

Mond: Vision und Größe, leidenschaftliche Gefühle, verletzlich, eventuell Furcht vor Bloßstellung.

Merkur: Schöpferischer Geist.

Venus: Liebe und Lebensfreude.

Mars: Selbstvertrauen und Gestaltungswille.

Jupiter: Beliebtheit, ehrgeizige Planungen, Führungswille.

Saturn: Unkompliziertheit, Abneigung gegen Formen, Zuverlässigkeit, Entschlossenheit.

Uranus: Freiheitsliebe, Unternehmungslust, Zügellosigkeit.

Neptun: Begeisterung, künstlerischer Sinn, Missionsdrang.

Pluto: Gewaltige Veränderungen, Diktatur und Umsturz.

Jungfrau

Ich lebe, weil ich denke

Stoffliche Grenzen, Konzentration auf Wesentliches, Nutzstreben, Arbeit, Vernunft, Gründlichkeit, Ordnungsliebe, Pedanterie, Kritik, Unterscheidungsvermögen. Besondere Beziehung zu Merkur und zum 6. Haus.

MOND: Seele und Vernunft, praktische Hilfsbereitschaft, genaue Prüfung von Gefühlen, Mangel an emotionaler Beteiligung.

MERKUR: Gründlicher Verstand.

VENUS: Liebe und Hilfsbereitschaft.

MARS: Methodisches Vorgehen und realistischer Ehrgeiz.

JUPITER: Ehrgeiz, moralische Werte, Organisationstalent.

SATURN: Korrektheit, Verantwortungsbereitschaft, Kritik.

URANUS: Eigenwillige Arbeitsmethoden, Studentenrevolte, New Age.

NEPTUN: Einfühlungsgabe, Heilkunst, Opferbereitschaft.

PLUTO: Wissensdrang, Machbarkeitswunsch.

Waage

Ich lebe, weil ich genieße

Lenkender Geist, Charme, Geselligkeit, Diplomatie, Harmoniestreben, Ausgewogenheit, Bequemlichkeit, Konfliktscheu, Verbindungsfähigkeit. Besondere Beziehung zu Venus und zum 7. Haus.

MOND: Traum und Partnerschaft, Seelenwunsch nach idealen, liebevollen Beziehungen, Furcht vor Einsamkeit.

MERKUR: Harmonischer Austausch.

VENUS: Liebe und Partnerschaft.

MARS: Verbindungswille und Gemeinschaftsarbeit.

JUPITER: Gerechtigkeitssinn, Erfolg in Beziehungen generell.

SATURN: Vernunft im Gefühlsleben, Fleiß, Standvermögen.

Uranus: Gespür für neue Gesellschaftsformen und -normen.
Neptun: Sehnsucht nach einem neuen Lebensgefühl.
Pluto: »Größer, höher, weiter«, Genuß in jeder Beziehung.

Skorpion

Ich lebe, weil ich mich engagiere
Träger seelischer Spannungen, Leidenschaftlichkeit, Transformationsprozesse, Instinkt, (Selbst-)Kritik, Extremismus, Defensive, Widerstandsfähigkeit. Besondere Beziehung zu Pluto und Mars und zum 8. Haus.
Mond: Gefühl und Leidenschaft, sinnlich und kämpferisch, sehr wechselhaftes Schicksal, Angst vor Abhängigkeit.
Merkur: Kämpferisches Denken.
Venus: Liebe und Leidenschaft.
Mars: Durchsetzungswille und Kritiksinn.
Jupiter: Charismatische Anziehungskraft, starke Triebe.
Saturn: Prüfung der Motive und Leidenschaften.
Uranus: Energischer Einsatz für neue Ideale.
Neptun: Transformation durch Loslassen und Leiden.
Pluto: Verborgene Geheimnisse des Geistes entdecken.

Schütze

Ich lebe, weil ich suche
Zielgerichteter Wille, Idealismus, geistige Ordnung, Freiheitsstreben, Expansion, Arroganz, missionarischer Dogmatismus, Zielstrebigkeit. Besondere Beziehung zu Jupiter und zum 9. Haus.
Mond: Seele und Erkenntnisdrang, freies Gefühlsleben, direkter Ausdruck, Furcht vor dem Unbekannten.
Merkur: Suchender Geist.
Venus: Liebe und Idealismus.

MARS: Abenteuerlust und Handeln aus Überzeugung.
JUPITER: Gerechtigkeitsdenken, Grenzüberschreitungen.
SATURN: Aufrichtigkeit, aktiver Einsatz für Schwächere.
URANUS: Suche nach neuen Aufgaben und echtem Sinn.
NEPTUN: Nachdenklichkeit, Hinterfragen von Werten.
PLUTO: Vorstoß in neue spirituelle Dimensionen.

Steinbock

Ich lebe, weil ich etwas leiste

Das stofflich Bewegende, Pflichtgefühl, Ehrgeiz, Belastbarkeit, Ausdauer, Starrköpfigkeit, Härte, Verantwortungsbewußtsein. Besondere Beziehung zu Saturn und zum 10. Haus.

MOND: Traum und Grenzen, Zurückhaltung im Gefühlsausdruck, Zuverlässigkeit, Sorge, ausgenutzt zu werden.
MERKUR: Sichernder Verstand.
VENUS: Liebe und Sicherheitsbedürfnis.
MARS: Durchsetzungskraft und Selbständigkeit.
JUPITER: Vertrauenswürdigkeit, gewissenhafter Einsatz.
SATURN: Umsicht, Sicherheit im Handeln, Sparsamkeit.
URANUS: Zerfall gesellschaftlicher Strukturen (Ostblock!).
NEPTUN: Geburtswehen einer globalen Wendezeit.
PLUTO: Zerstörung religiöser Dogmen von innen.

Wassermann

Ich lebe, weil ich frei bin

Ordnung des Geistes, Ideenreichtum, Originalität, Reformbestrebungen, Provokationslust, Realitätsferne, Kühle, Individualismus. Besondere Beziehung zu Uranus und zum 11. Haus.

MOND: Vision und Unabhängigkeit, phantasievolle Gefühle, Sorge, mit Veränderungen nicht klarzukommen.
MERKUR: Origineller Austausch.

Venus: Liebe und Abwechslung.

Mars: Reformwille und Verfechter eigener Ideen.

Jupiter: Positives Denken, sozialer Erfolg, Humor.

Saturn: Intelligenz, beharrliches Reformstreben.

Uranus: Auflehnung gegen jede Ordnung oder Teamgeist.

Neptun: Sehnsucht nach Seelenpartnerschaft.

Pluto: Echter Beginn des Wassermannzeitalters?

Fische

Ich lebe, weil ich glaube

Seelische Anteilnahme, Hilfsbereitschaft, Hingabe, Mediali-tät, Mystik, Beeinflußbarkeit, Illusionen, Suchtgefährdung, Ein-fühlungsvermögen. Besondere Beziehung zu Neptun und zum 12. Haus.

Mond: Seele und Einheit, Herzenssympathie für andere, sen-sibel bis sentimental, Furcht vor Hilflosigkeit.

Merkur: Inspiriertes Denken.

Venus: Liebe und Sehnsucht.

Mars: Sozialer Einsatz und wechselhafte Engagements.

Jupiter: Erfülltes Seelenleben, »der gute Samariter«.

Saturn: Mitgefühl für andere, Bescheidenheit, Opfer.

Uranus: Suche nach einer neuen Freiheit.

Neptun: Erkunden höherer Bewußtseinszustände.

Pluto: Zeit der spirituellen Magie und Mystik?

4. Bereiche des Lebens

Warum es wichtig ist, in welchem Haus sich ein
Planet befindet – Die Bedeutung der zwölf Häuser –
Die Bedeutung von Aszendent-Deszendent und
Himmelshöhe-Himmelstiefe

Eine Vorbemerkung: Manche LeserInnen fühlen sich vielleicht
im Moment überfordert, sich zusätzlich zu den Tierkreiszeichen
und Planeten auch noch mit Häusern zu beschäftigen. Bevor dieses Thema Ihnen die Lust an der Astrologie verleidet, können Sie
es einfach überblättern. Die Häuser sind zwar sehr aussagestark,
aber alles zu seiner Zeit. In ein paar Wochen lesen Sie dann diesen Abschnitt vielleicht mit neuem Interesse und mehr Gewinn.

Aszendent-Deszendent:
Die Achse der personalen Verwirklichung

Der Aszendent ist der persönlichste Punkt im Meßkreis des Horoskops, weil er – wenn wir die Geburtsminute genau kennen –
den Einstieg und Start dieses Lebens in Kreislauf und Rhythmus
der irdischen Entwicklung des Menschen im Rahmen der kosmischen Gegebenheiten anzeigt. Der Aszendent ist, vereinfacht gesagt, jener Punkt am Himmelsrund, der gerade dann am östlichen
Horizont »aufgeht«, wenn ein Mensch geboren wird. (Der Aszendent ist auch die Basis für eine Methode zur Zeitbestimmung, →
7. Kapitel, S. 91.) Genau 180 Grad gegenüber befindet sich der
Deszendent, also jener Punkt am Himmelrund, der zum Zeitpunkt der Geburt am Horizont »untergeht«.
  Die Achse Aszendent-Deszendent wird von allen Astrologen

gleich berechnet und sehr ähnlich gedeutet. Sie gilt seit jeher als »Ich-Du-Achse«, welche den 360 Grad-Kreis zum ersten Mal teilt und eine Polarität schafft. Mit der Geburt geraten wir in die Polarität oder Dualität der Welt: »Hier bin ich«, schreit das Neugeborene und erwartet von der Außenwelt, und vor allem vom ersten Du-Bezug in Gestalt der Mutter, Zuwendung.

In der psychologischen Astrologie betrachten wir diese Achse, ihre Zeichenposition und ihre Aspektierung durch Planeten als Anzeiger dafür, wie und wo es in diesem Leben gelingen soll, eine Balance zu finden zwischen den Wünschen und Bedürfnissen des »Ich« und der Zuwendung zum mitmenschlichen »Du«.

Karmische Themen sind häufig die Erkenntnis der Motive und Antriebe des Ich, Abhängigkeit oder Unabhängigkeit von Urteilen des Du und die Entwicklung der Fähigkeit, zwischen Ich-Impulsen und Zielen des Selbst zu unterscheiden.

Im Anhang ist eine Übersicht abgedruckt, der Sie entnehmen können, in welches Tierkreiszeichen Ihr Aszendent fällt (→ S. 149). Der Deszendent befindet sich im Tierkreis immer genau gegenüber. Die Achse Himmelshöhe und Himmelstiefe steht immer im rechten Winkel dazu.

Himmelshöhe-Himmelstiefe (Zenit-Nadir):
Die Achse der sozialen Verwirklichung

Die zweite Hauptachse nach der Ich-Du-Achse von Aszendent und Deszendent läuft durch den Punkt am Himmel, der zum Zeitpunkt der Geburt am höchsten über dem Geburtsort stand, der »Himmelshöhe«, sowie den genau gegenüberliegenden Punkt, der sozusagen unter der Erde, an der »Himmelstiefe« liegt.

Nach der horizontalen Achse durch Aszendent und Deszendent beschäftigen wir uns hier mit einer Achse, die das Horoskoprund vertikal teilt. Traditionell und der direkten Anschauung

Abb. 3: Der Horoskopkreis mit den beiden individuellen Hauptachsen Aszendent-Deszendent (AC-DC) und Himmelshöhe-Himmelstiefe (MC-IC). (Darstellung nach B. A. Mertz †; Astrodata, Zürich)

entsprechend weist der obere Punkt der Achse, die Spitze des 10. Hauses, auf das Außen, das soziale Feld, den Beruf, die sichtbare Verwirklichung in der Gesellschaft hin. Der untere Punkt, die Spitze des 4. Hauses, wird üblicherweise dem Innen, den materiellen und geistigen Wurzeln, der irdischen und überweltlichen Heimat zugeordnet.

Psychologisch betrachtet sehen wir in dieser Achse die Herausforderung, ein Gleichgewicht zwischen Außen und Innen zu finden, zwischen Überbewußtem und Unbewußtem, zwischen Tagesbewußtsein und Unterbewußtsein.

Karmische Themen sind oft Familienbindungen, die als Zwang oder Halt erlebt werden, beziehungsweise Berufsziele, die wirkliche Erfüllung bringen oder vom Wesentlichen fortführen.

Eine Anmerkung für Fortgeschrittene: Auf den Unterschied zwischen Medium Coeli und Imum Coeli einerseits und Zenit und Nadir andererseits kann ich im Rahmen dieses Buches nicht weiter eingehen. Carl Payne Tobey und Bernd A. Mertz haben darüber alles Notwendige geschrieben.

Im astrologischen System, das mit gleich großen Häusern arbeitet, fallen die Spitzen des 10. und des 4. Hauses mit der tatsächlichen Himmelshöhe und der wahren Himmelstiefe zusammen, also mit Zenit und Nadir. In dieser Bedeutung sind die folgenden Bemerkungen zu verstehen. Im Rahmen dieses Buches kann ich auf die Problematik der verschiedenen Häusersysteme leider nicht näher eingehen.

Die Häuser ergeben sich im System mit gleich großen Häusern automatisch, sobald man weiß, wo sich der Aszendent befindet. Fällt er zum Beispiel auf 5 Grad Krebs, so liegt dort die Spitze des ersten Hauses, bei 5 Grad Löwe ist folglich die Spitze des zweiten Hauses, bei 5 Grad Jungfrau die Spitze des dritten Hauses, und so fort.

Was heißt nun »Spitze«? Für manche Astrologen – und das macht es Einsteigern nicht gerade leicht – ist die Spitze der exakte Anfang eines Hauses, für andere zeigt die Spitze an, wo das Haus seine größte Wirksamkeit hat. Hier ein anschauliches Beispiel dafür, worin der Unterschied besteht:

Ist ein Haus eine Schublade oder ein Energiefeld? Ein Löffel kann nur in dieser oder jener Schublade liegen, nicht in beiden. Ein Planet kann sich nach dieser Anschauung nur in diesem oder jenem Haus befinden, nicht etwa »dazwischen«.

Was aber, wenn es sich bei den Häusern nicht um Schubladen handelt, sondern um Energiefelder, die nicht genau abgegrenzt sind und die eine besonders »magnetische« Mitte besitzen, in der die Kraft des Hauses am stärksten ist? Dann könnte ein Planet, der sich »am Rande« befindet, auch mit einem anderen Haus etwas zu tun haben.

Ein praktischer Rat: Einsteiger sollten zunächst davon ausgehen, daß Häuser Schubladen sind, und später lernen, genauer zu differenzieren.

1. Haus

Spontaner Willensausdruck, impulsive Aktionen, unbewußte Verhaltensmuster; Rollenspiele gegenüber der Umwelt; die Maske der Persona. Wichtigster Bereich für die Selbstbestätigung im Rahmen des karmischen Plans für dieses Leben. Auch, wie man gern von der Welt gesehen werden möchte und/oder wie man glaubt, sich selbst der Welt darzustellen. Selbstbild und Ich-Ausdruck entsprechen den Traditionen und Erwartungen der Gesellschaft, in die man hineingeboren wurde.

Weitere Stichworte sind: Grundgeschick, Persönlichkeit, körperliche und geistige Anlagen, Vitalität, Ich, Selbstbild, Rollenspiel, Selbstdarstellung nach außen, Egozentrik, Art der Umweltwahrnehmung, Gegenwart sowie die Anlagen des Menschen und Identifikationsprozesse.

Dieses Haus ist quasi die Startposition für diesen Lebenslauf. In ihm ist nach Ansicht von Vehlow die Substanz des ganzen übrigen Horoskops enthalten.

Eine karmische Aufgabe kann es zum Beispiel sein, Unterscheidungskraft zu entwickeln, um zwischen spontanen Regungen des Ich und Gemüts- und Sinneswünschen sowie tieferliegenden, notwendigen Anliegen der Persönlichkeit differenzieren zu können; dementsprechend kann man dann die Kraft des Optimismus und impulsive Energien gezielt einsetzen.

SONNE: Pioniergeist. Die Aufgabe ist Werden.
MOND: Ich fühle, daß ich lebe.
MERKUR: Neugierig, wissensdurstig, fröhlich.
VENUS: Streben nach Einklang.
MARS: Risikofreude, Organisationstalent.
JUPITER: Glückliches Wesen, Entfaltung des Ich.
SATURN: Schwierige Jugend, später Aufstieg und Erfolg.
URANUS: Plötzliche Entwicklungssprünge.
NEPTUN: Suche nach sich selbst.
PLUTO: Starke Persönlichkeit voller Tatendrang.

2. Haus

Persönliche Einstellung zum Austausch von Geben und Nehmen; Suche nach Substanz; Bereich der Wertschöpfung aller Art. Der Raum, in dem der Horoskopinhaber durch Anwendung von Fähigkeiten, Erwerb und Austausch von Werten Substanz erwirbt. Geld und Besitz, Werte und Talente – gesehen durch die rosarote Brille der eigenen Vorstellung oder mit dem richtigen Gespür für den Rhythmus von Geben und Empfangen. Soziale Vorstellungen über Einschätzung von und Umgang mit Werten; traditionelle Wegweisungen zum Gebrauch von Talenten und Erwerb von Besitz.

Im 2. Haus liegt der Bereich der Werte und Substanzen. Dazu gehört sowohl die innere Einstellung zu geistigen und materiellen Gaben als auch der äußere Einsatz dafür. Streben nach Sicherung der materiellen Basis, verfügbare Mittel dazu, Streben nach weltlichen und geistigen Werten, Besitz, der Vorgang des Gebens und Nehmens, Geld und Finanzangelegenheiten, stärkste Besitzwünsche, Talente und Fähigkeiten sind weitere Schlüsselbegriffe.

Karmische Aufgaben bestehen darin, wesentliche Werte zu erkennen und spirituelle Substanz zu sammeln beziehungsweise zu finden. Bei jedem Vorgang von Geben und Nehmen sollte man

an die möglichen karmischen Folgen denken und das Gemein-
wohl aller Beteiligten im Auge behalten.

SONNE: Händlergeist. Die Aufgabe ist Entwickeln.
MOND: Ich spüre, welche Werte ich brauche.
MERKUR: Finanzielle Erfolge durch sorgfältige Planung.
VENUS: Vorteile durch Beziehungen.
MARS: Kampf um Besitzerwerb, Freigiebigkeit.
JUPITER: Finanzielle Erfolge, Ressourcen werden genutzt.
SATURN: Sparsamkeit, gute Gewinne durch harte Arbeit.
URANUS: Auf und Ab bei Einkommen und Vermögen.
NEPTUN: Welche Werte sind es wirklich wert?
PLUTO: Handeln nach dem Motto »Besitz verleiht Macht«.

3. Haus

Umgangsformen im Alltag; Kommunikationsgewohnheiten; typische Aktions- und Reaktionsmuster auf wiederkehrende Anforderungen. Ausdrucksformen im Alltag, die mehr vom fließenden
Gefühl als vom rationalen Verstand bestimmt sind; Anpassung
an allgemein akzeptierte Verhaltensregeln und Kommunikations-
formen.

Dies ist der Bereich, in dem sich zeigt, wie der Horoskopinhaber seine Persönlichkeit in die Kommunikation mit der Umwelt
einbringt. Weitere Stichworte sind: Kontaktaufnahme mit der
Umwelt, Austausch von Gedanken, Mitteilungen allgemein, daher werden auch Begreifen, Wissen und Sprache diesem Haus
zugeordnet. Darüber hinaus spielen Beziehungen zu Nachbarn
und Geschwistern, Gemeinschaft im Alltag, Vielseitigkeit von
Interessen, Korrespondenz, kurze Reisen sowie der auf die konkrete Wirklichkeit gerichtete Verstand und die Bewußtwerdung
der eigenen Einstellung zu Werten und Substanz eine Rolle.

Zu den karmischen Aufgaben gehört es, Bewußtheit zu gewinnen und zu bewahren, sowie zu erkennen, was in der Kom-

munikation notwendig, liebevoll und wahrhaftig ist, und sich darum zu bemühen, alles andere nach und nach beiseite zu lassen.

SONNE: Vermittlungsgabe. Die Aufgabe ist Wissen.
MOND: Es inspiriert mich, über Gefühle zu sprechen.
MERKUR: Gewandt im Ausdruck, überzeugend, anpassungsfähig.
VENUS: Anteilnahme an der näheren Umwelt.
MARS: Prägnanter Ausdruck, viele kurze Reisen.
JUPITER: Sprachliche Gewandtheit, allgemeine Beliebtheit.
SATURN: Gute Konzentrationskraft, methodisches Denken.
URANUS: Ständig viele Veränderungen in Alltag und Umwelt.
NEPTUN: Ein klarer Geist ist lebensnotwendig.
PLUTO: Kraft zu deutlichen Stellungnahmen.

4. Haus

Unbewußte Anziehung von bestimmten Haus-, Heim- und Familiensituationen; Suche nach sicheren materiellen und geistigen Wurzeln. Dies ist die Ebene einer unsichtbaren Stabilität, die auf familiärer Einbindung oder materieller Sicherheit, auf einer Öffnung für die Fülle der Innenwelten oder der Gewißheit geistiger Wahrheiten beruhen kann. Sehnsucht nach einer festen Grundlage im Leben; äußerlich nach Heim, Haus und Grundbesitz, innerlich nach nie versiegender Zuversicht und Lebensmut. Soziale Vorbilder für Lebensgrundlagen und Lebensführung, Sitte und Familiensinn. Das vierte Haus bezeichnet auch die Herkunft und Heimat im geistigen, gesellschaftlichen und familiären Sinne. Das kollektive Erbe, die Mutter, das Wir, Tradition, Vergangenheit, Systeme der Sicherung, Lebensabend.

Der Besitz der Erde, wie Haus- und Grundbesitz, auch Bodenschätze und die äußere oder innere Heimat gehören zum 4. Haus. Darüber hinaus werden Urvertrauen und Innenleben sowie die geistigen Grundlagen des Menschen und die Tiefen der Seele dem Haus zugeordnet.

Die karmische Aufgabe besteht darin, den Prozeß der persönlichen Integration bewußt zu erkennen und zu durchleben. Es geht darum, auch außerhalb der bereits vertrauten und als sicher erfahrenen Bereiche und jenseits der bereits erworbenen Fähigkeiten Neuland zu betreten und sich für ungewohnte Herausforderungen zu öffnen.

SONNE: Familiensinn. Die Aufgabe ist Aufbauen.

MOND: Ich fühle mich verwurzelt.

MERKUR: Analytische Gaben, geistige Wachheit bis ins hohe Alter.

VENUS: Tiefe Gefühle für Heimat und Familie.

MARS: Ausbruch aus Familie oder Tradition, Einsatz für echte Fundamente für das Leben.

JUPITER: Größere Erfolge in der zweiten Lebenshälfte.

SATURN: Gewinne durch Landbesitz, Familienerbe oder Mutter; starke Ortsgebundenheit.

URANUS: Häufige Ortswechsel, frühe Trennung von Mutter, Familie oder Heimat.

NEPTUN: Sehnsucht nach der wahren, bleibenden Heimat.

PLUTO: Intuitive Fähigkeit, den Grund der Seele zu erfassen.

5. Haus

Natürlicher Ausdruck des kreativen Potentials; Bereiche, in denen Lebensfreude erfahren wird. Hier kann sich die kreative Kraft voller Enthusiasmus entfalten und vermag andere mit ihrem Schwung mitzureißen. Der Bereich, in dem sich spontane Lebenslust unmittelbar ausdrückt und ein noch ungenutztes kreatives Wunschpotential liegt. Sozial akzeptierte Ausdrucksformen für Kreativität und Lebensfreude. Entfaltung von Selbstbewußtsein, Eigenwillen, Kreativität und Lebensfreude. Damit auch Entfaltung des Trieblebens und deshalb wohl die Gleichsetzung des 5. Hauses zu Erotik, romantischer Liebe und Liebesaffären. Traditionell werden Kinder dem 5. Haus zugeordnet. Spiel, Freizeit und Hobbys sowie Glücksspiel und Spekulation gehören ebenso zum 5. Haus.

Eine karmische Aufgabe kann darin bestehen, den inneren Drang nach schöpferischem Ausdruck in angemessene Bahnen zu lenken. Dazu ist eine Bewußtwerdung darüber nötig, welche kreative Form von Selbstverwirklichung, welche Talente schon angelegt sind und was den Kräften des Horoskopinhabers zur eigenständigen Gestaltung offensteht.

SONNE: Künstlergeist. Die Aufgabe ist Schaffen.

MOND: Mein Gemüt sucht schöpferische Erfüllung.

MERKUR: Romantische Gedanken, kreativer Geist.

VENUS: Spontane und herzliche Offenheit.

MARS: Sinnesfreuden, Triebstärke, Erfolgssucht.

JUPITER: Große Kreativität, sympathisches Wesen, Erfolge mit vielen verschiedenen Projekten.

SATURN: Karrierewünsche werden beharrlich verfolgt, Treue.

URANUS: Originelle, schöpferische Ideen und Pläne.

NEPTUN: Lust am kreativen Selbstausdruck.

PLUTO: Wechselhafte Interessen für Menschen und Ziele.

6. Haus

Subjektive Einstellung zur Arbeit als lebenslange Verpflichtung und als Dienst am Nächsten und der Gesellschaft. Ein Bereich der Verantwortung, in dem der eigene Lebensplan und soziale Verpflichtungen miteinander verbunden werden sollen. Wunschvorstellungen über Inhalt und Form bei der Arbeit und bei Umgang mit Kollegen, Vorgesetzten und Untergebenen. Erwartungen der jeweiligen Umgebung in bezug auf die Einstellung zur Arbeit und die Einbindung in gesellschaftliche Aktivitäten.

Diesem Haus entsprechen also der Arbeitsbereich und das gesamte persönliche Umfeld, einschließlich Beziehungen zu Kollegen, Vorgesetzten, Untergebenen und zu eigenen Angestellten. Gesundheit – und damit auch die Ernährung beziehungsweise Ernährungsfehler! – sind weitere wichtige Entsprechungen. Der dritte große Bereich, den das 6. Haus symbolisiert, ist jede Form von Dienst und die innere Haltung des Dienens als Lebenseinstellung.

Karmische Aufgaben bestehen darin, körperliche und seelische Prüfungen zur Besinnung, Selbstbetrachtung, Analyse und (Selbst-)Kritik anzunehmen. Sie sollten nicht unter dem Vorwand abgelehnt werden, daß man damit nichts zu tun habe. Der schöpferische Ausdruck des Eigenwillens stößt an Grenzen, die man zuerst in sich selbst suchen sollte. Der Wunsch nach Perfektion und die Notwendigkeit zur toleranten Anpassung müssen ins Gleichgewicht gebracht werden.

SONNE: Helfergeist. Die Aufgabe ist Verbessern.

MOND: Ich empfinde Mitgefühl mit dem Schicksal anderer.

MERKUR: Unterscheidungskraft und Integrationsfähigkeit.

VENUS: Streben nach harmonischer Pflichterfüllung.

MARS: Dynamischer Einsatz für Arbeitsziele, die als sinnvoll anerkannt werden.

JUPITER: Erfolg durch Arbeit im Dienste von Mitmenschen; eventuell heilerische Fähigkeiten, Einsatz aufgrund von persönlichem Rechtsbewußtsein.

SATURN: Ausdauer in der Pflichterfüllung, kritischer Blick für Details.

URANUS: Sie brauchen in der Arbeitswelt mehr Spielraum als Routine, um Erfüllung zu finden.

NEPTUN: Suche nach Sinnerfüllung im Alltag.

PLUTO: Erfolgreiche Teamarbeit, solange Sie sich nicht unterjocht fühlen.

7. Haus

Erwartungshaltungen in bezug auf persönliche Partner; Ich-Projektionen auf den Partner oder die Partnerschaft.

In diesem Energiefeld erkennt die Persönlichkeit ihr karmisches Gegenüber und läßt sich auf einen gegenseitigen Energieaustausch ein. Weitere Stichwörter sind: Prinz- und Prinzessinnen-Bilder; Hoffnungen, durch Partnerschaft Erfüllung zu finden; Hingabebereitschaft in der Partnerschaft. Gesellschaftlich geprägte Muster über Partnerschaft, denen man sich je nach Bewußtheitsgrad mehr oder weniger verpflichtet fühlt. Partnerschaft, Bindung an ein Du – in der Ehe oder auch im Beruf. Suche nach Ergänzung, Begegnungen, Verbindungen, Verträgen. Bewußtwerdung des anderen und seiner Wünsche, Bedürfnisse, Eigenarten usw.; vielfältiger sozialer Austausch mit dem anderen.

Die karmische Aufgabe besteht darin, den Sinn und die Zukunftsperspektiven von Partnerschaften zu prüfen: Welche Projektionen spielen eine Rolle in der Verbindung, und welche Motive bestimmen die beiden Partner? Entwickelt sich aus Anpassungsbereitschaft Abhängigkeit, gibt es einseitige Bindungen?

SONNE: Beziehungsfähigkeit. Die Aufgabe ist Interaktion.

MOND: Ich suche eine Beziehung, in der meine Träume aufblühen können.

MERKUR: Zieht ausdrucksstarke Menschen an, Neigung zur Verstandesbeziehung.

VENUS: Sehnsucht nach Beziehung.

MARS: Frühe und eventuell kurzlebige Partnerbindungen, Eroberungstrieb.

JUPITER: Glück durch persönliche, nützliche Beziehungen.

SATURN: Partnerschaften sollen Sicherheit mit sich bringen.

URANUS: Ungewöhnliche Beziehungen und Partnerschaften.

NEPTUN: Traum von der idealen Partnerschaft.

PLUTO: Sie ziehen außergewöhnlich »starke« Menschen an.

8. Haus

Allgemeinmenschliche Überlebens-, Krisen-, Ego- und Todesängste; instinktive Reaktionsweisen auf Verlusterfahrungen. Tod und Wiedergeburt, Verluste und Selbsterneuerung, Regeneration, Partnerprüfungen und Transformation sind wichtige Stichworte zum 8. Haus. Hierher gehören auch Schlüsselbegriffe wie Erbe und das Geld von Partnern sowie Investitionen (das 8. Haus liegt dem 2. Haus gegenüber!). Die Auseinandersetzung mit einer neuen Wertbestimmung und gesellschaftskritisches Engagement sind weitere Aspekte, ebenso Sexualität und Machtstreben. Im 8. Haus erfolgen Selbstwert-Krisen; tote Formen sowie erstarrte Verhaltensmuster werden grundlegend in Frage gestellt. Verletzlichkeit durch Krisen; emotionale Identifikation mit dem Leiden anderer Menschen.

Die karmische Aufgabe besteht darin, zu lernen, schmerzhafte Veränderungen als seelische Lösung und Ego-Reinigung zu verstehen. Wir müssen hier lernen, daß das ganze Leben eine Folge von Sterbens- und Werdeprozessen darstellt. Wir müssen dabei herausfinden, was nicht stirbt, was sich nicht verändert, was nicht wiedergeboren wird, sondern immer das Eine ist und bleibt. Die berühmte Suchfrage »Wer bin ich?« stellt für viele ebenso eine Hilfe dar wie die Licht- und Tonmeditation (siehe S. 132).

SONNE: Wandlungsfähigkeit. Die Aufgabe ist Loslassen.

MOND: Ich spüre, daß sich etwas Neues entfaltet.

MERKUR: Fähigkeit, Krisen gedanklich gut zu bewältigen, unter Umständen mediale Offenheit.

VENUS: Leidenschaftliche Gefühlsbindungen.

MARS: Thema Geld und Erbe (auch Streit darum), Konfliktbereitschaft, starke Sexualkraft.

JUPITER: Gewinn durch Erbe, Fähigkeit zur Regeneration in Krisen durch Sinnfindung.

SATURN: Starke Lebensenergie, hohes Alter, Auseinandersetzung mit Zeitlichkeit und Vergänglichkeit.

URANUS: Mediale Neigungen, plötzliche Erbschaften, intuitives Mitgefühl für das Schicksal anderer.

NEPTUN: Wunsch, das Geheimnis des »Stirb und Werde« zu erfühlen.

PLUTO: Mut, Fähigkeiten, aus wenig viel zu machen, Magie.

9. Haus

Grenzüberschreitungen in weltlichen und ideellen Räumen und Werten; Zielvorgaben zur Überwindung von Krisen. Nach dem Bruch oder der Auflösung überholter psychischer oder materieller Strukturen erscheint in diesem Haus das neue Licht, das einen neuen Weg weisen kann. Inspiration aus überpersönlichen, über den Verstand und die Sinne hinausgehenden Dimensionen. Umgang mit etablierten Idealen und Riten, die über das kleine Ich hinaus und zu einer größeren Wirklichkeit führen sollen. Bewußtseinserweiterung; Suche nach neuen Horizonten; philosophisch-religiöse Interessen (die sich entweder spirituell = in eigener Erfahrung oder dogmatisch = in der Übernahme von Gesetzen äußern können).

Traditionell steht das 9. Haus auch für Fernreisen und alle Gebiete von Recht und Gesetz. Außerdem für große Projektvorhaben, weit gespannte Pläne und den Austausch über viele Grenzen hinweg.

Zu den karmischen Aufgaben zählt die Suche nach Wahrheit, nach höheren Zielen, nach wirklichem Sinn, die nicht durch Sitte und Vorstellungen bestimmt ist, sondern auf eigenen Erfahrungen im Leben, Dienen, Schaffen und Meditieren basiert.

SONNE: Inspiration. Die Aufgabe ist Verstehen.

MOND: Ich fühle mich von großen Träumen inspiriert.

MERKUR: Geistige Studien, Zukunftsforschung.

VENUS: Beglückung durch Horizonterweiterung.

MARS: Entdeckergeist, Kampf für Recht und Ideale.

JUPITER: Aufenthalte im Ausland, große Projekte, Sinnsuche.
SATURN: Ernsthaftigkeit und Tiefgründigkeit in philosophischen Fragen.
URANUS: Weitblickendes humanitäres Denken.
NEPTUN: Suche nach einer »Weltformel« der Sinnerfüllung.
PLUTO: Sehnsucht nach neuen Horizonten jenseits aller bekannten Grenzen.

10. Haus

Weltlicher Bereich, in dem sich die aktiv eingesetzte schöpferische Kraft äußerlich erfolgreich und sinnvoll in der Gesellschaft verwirklichen kann. Bereich, in dem sich persönliche Erfolgswünsche und -phantasien mit Gesellschaftstrends und Neigungen des Umfelds decken.

Vorgezeichnete Wege und anerkannte Ziele, um sozialen Erfolg zu erlangen.

Hier ist die Bühne der Selbstdarstellung in der Gesellschaft, die sichtbare und erfolgreiche Selbstverwirklichung. Weitere Schlüsselbegriffe sind: Beruf und Berufung, Verantwortung in der Gesellschaft, Karriere und Kompetenz, das öffentliche Auftreten und Autorität, Selbstverwirklichung und soziale Durchsetzung. Zudem Ruf, Ruhm und Anerkennung (beziehungsweise deren Mangel). Weitere Aspekte sind der Vater und äußere Sicherheiten.

Eine karmische Aufgabe wäre die bewußte eigene Definition von Erfolg: Erfolg als Zeichen der eigenen Kraft, gestaltend in der Welt zu wirken. Wo ist meine gesellschaftliche Lebensaufgabe, was ist Kern meiner persönlichen Identität?

SONNE: Selbstwertgefühl. Die Aufgabe ist Verwirklichen.
MOND: Ich brauche den Zuspruch der Umwelt.
MERKUR: Erfolg durch zielgerichtetes Denken und überzeugendes Auftreten.
VENUS: Öffentlicher Erfolg durch diplomatisches Wesen.

MARS: Erfolgsstreben, Aufstiegschancen, Durchsetzung.

JUPITER: Streben nach gesellschaftlicher Anerkennung, Erfolg und Wohlstand.

SATURN: Erfolge durch Fleiß und Beharrlichkeit, oft erst in der zweiten Lebenshälfte.

URANUS: Drang nach beruflicher und sozialer Unabhängigkeit.

NEPTUN: Verbindung von Idealen, Erfolg und Anerkennung.

PLUTO: Kraftvolle Durchsetzung, starkes Geltungsbedürfnis.

11. Haus

Ebene der Visionen geistiger Kräfte, die sich in Zusammenarbeit mit anderen zum Nutzen der Menschheit manifestieren lassen. Hoffnungen auf und Visionen von Möglichkeiten der überpersönlichen Sinnfindung und Lebenserfüllung in Gemeinschaft mit anderen. Steigerung des persönlichen Erfolgs und neue Identität durch soziales Engagement, das auf öffentliche Anerkennung rechnen darf.

Weitere Stichworte sind: Öffnung für überpersönliche Ideale und Ziele; Bereitschaft zur Zusammenarbeit in der Gruppe ohne konkrete Ich-Ziele. Hoffnungen und Ideale – aber auch Illusionen! – über materiellen Erfolg und unmittelbare Anerkennung hinaus; Visionen eines besseren Lebens in einer besseren Gesellschaft. Die Begegnung mit Freunden und Gleichgesinnten sowie Gemeinschaften. Persönliche Freiheit, auch schicksalhafte Geschenke.

Zu den karmischen Aufgaben zählt, eine andere, neue Selbstsicherheit zu erwerben, die sich nicht (mehr) auf beruflichen beziehungsweise finanziellen Erfolg oder gesellschaftliches Prestige stützt, sondern auf Werten beruht, die über die persönliche Durchsetzung hinausgehen. Bei allen sozialen Engagements gilt es, die legitimen eigenen Bedürfnisse nicht über Bord zu werfen.

SONNE: Ideale. Die Aufgabe ist Engagement.

MOND: Ich bin gern in der Öffentlichkeit.

MERKUR: Interessante Freunde, vielseitige geistige Verbindungen.

VENUS: Geselligkeit in kultivierten Kreisen.

MARS: Gute gesellschaftliche Beziehungen, dynamische Freunde.

JUPITER: Freundschaften helfen, Ziele zu erreichen.

SATURN: Humanitäre Einstellung und soziales Gewissen.

URANUS: Impulsive Kursänderungen bei Idealen.

NEPTUN: Sie bemühen sich um echte Freundschaft.

PLUTO: Opferbereitschaft für ideelle Ziele und Gruppen.

12. Haus

Aufforderung zur Besinnung und zur bewußten Verinnerlichung. Sorgen um Selbsterhalt jenseits der materiellen Notwendigkeiten und gesellschaftlichen Normen. Hier ist der Bereich, in dem Konflikte zwischen Ich und Selbst gelöst werden müssen. Empfänglichkeit für kosmische Energien; Sehnsucht nach Ewigkeit, jedoch auch Verführbarkeit durch illusionäre Phantasien. Umgang mit den traditionellen Vorstellungen von Selbstverwirklichung und Lebenssinn.

Im 12. Haus erfolgt der Aufruf des Schicksals, sich auf das Wesentliche zu besinnen und Bilanz zu ziehen. Deshalb gehören dazu auch Verborgenes, Innenleben, Mystik, Grenzauflösungen und Ausrichtung auf die Zukunft. Die überlieferten Aspekte wie Feinde, Gefängnis und sonstige Isolation wie Krankenhaus etc. kann ich nicht nachvollziehen. Schatten und Behinderungen durch ungelöste karmische Themen wären eher zutreffend.

Die karmische Aufgabe kann darin bestehen, einen alten Zyklus durch Rück- und Innenschau sowie durch Vorbereitung auf einen neuen Abschnitt abzuschließen. Die Sehnsucht nach Erlösung von der Welt erfordert eine entsprechende Höherentwicklung des Bewußtseins.

SONNE: Sinnsuche. Die Aufgabe ist Vollenden.

MOND: Ich vertraue meinen Visionen.

MERKUR: Intuition, sensible psychologische Wahrnehmung.

VENUS: Bemühung um Harmonie im Innenleben.

MARS: Tiefes seelisches Erleben, selbstloser Einsatz für andere oder höhere Ziele.

JUPITER: Schutzengel, tiefe seelische Erfüllung.

SATURN: Kraft aus dem Wissen um das Gesetz des Karma.

URANUS: Unabhängigkeit auf den inneren Ebenen.

NEPTUN: Sehnsucht nach Erleuchtung.

PLUTO: Einblicke in geheimes, spirituelles Wissen.

5. Lernaufgaben des Schicksals

Was uns eine unsichtbare Achse über ungelöste
Probleme und neue Herausforderungen sagen kann –
Zur Bedeutung der Mondknoten

Die Mondknoten sind keine Planeten, sondern rechnerische
Punkte. Sie bezeichnen die beiden Punkte, an denen sich die
Erdbahn um die Sonne und die Mondbahn um die Erde, gemes-
sen an der Ekliptik, schneiden. Rechnerische Punkte sind *nicht*
imaginär und irrelevant – genausowenig, wie Zahlen in der Ma-
thematik. Allerdings sollten wir nicht vergessen, daß es sich
nicht nur um zwei Punkte, sondern um eine zusammenhän-
gende Achse handelt. Der aufsteigende oder nördliche und der
absteigende oder südliche Mondknoten im Tierkreis stehen ein-
ander in einer Opposition, in einem Winkel von 180 Grad, gegenüber; die Achse läuft rückwärts durch den Tierkreis.

Jede Opposition bringt als Themen bewußte Wahrnehmung
und Auseinandersetzung, Streben in entgegengesetzte Richtun-
gen, die Chance, aufeinander zuzugehen oder die gegenseitige
Blockade von Energien mit sich. Wie so oft, liegt es an unserer
Bewußtseinsentwicklung, welches Thema der Mondknotenop-
position wir ausleben.

Den nördlichen Mondknoten werden neue Perspektiven und
Aufgaben, Zukunftsorientierung und Entwicklungswege zugeordnet.

Der südliche Mondknoten bezieht sich symbolisch auf Ver-
gangenheitsbindungen, Gewohnheitsmuster und ungelöste Probleme. Häufig wird übersehen, daß der südliche Mondknoten
keineswegs nur »schwierig« ist. Er steht auch für alte, ererbte

oder karmisch erworbene Talente und alles, was wir in dieses Leben mitgebracht haben.

Manche Astrologen halten die Mondknotenachse für unwesentlich; andere sehen in ihr Anzeichen für das Verhältnis zwischen Horoskopinhaber/in und Gruppen von Menschen; eine dritte Meinung hält die beiden Mondknoten für karmische Anzeiger neuer Herausforderungen und alter Probleme. Heute ist diese dritte Meinung unter Astrologen am meisten verbreitet.

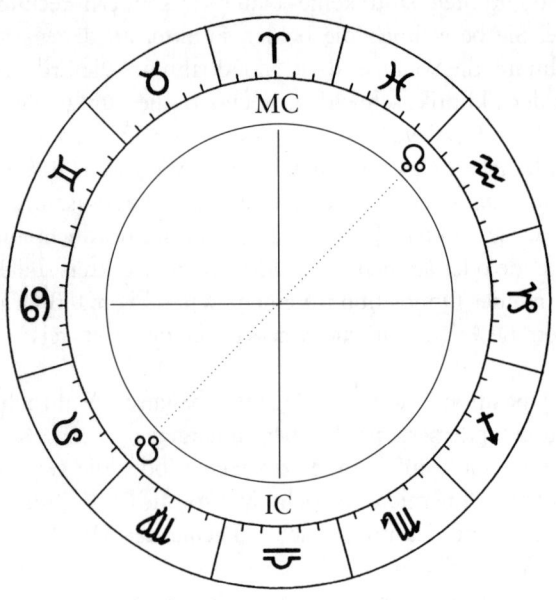

Abb. 4: Der Horoskopkreis mit den beiden Hauptachsen und der Mondknotenachse mit dem nördlichen Mondknoten oben rechts und dem südlichen Mondknoten genau gegenüber unten links.

Bernd A. Mertz sieht die Qualität des nördlichen Mondknotens (des sogenannten Drachenkopfes) ähnlich wie die Kombination Sonne-Jupiter, die des südlichen Mondknotens (Drachenschwanz) ähnlich wie die Kombination Mond-Saturn. Martin Schulman hat dem Thema der Mondknoten ein interessantes Buch gewidmet (›Mondknoten und Reinkarnation‹, Urania Verlag, CH-Neuhausen, 7. Aufl. 1993).

Die eigentliche Bedeutung der Mondknotenachse in der psychologischen Astrologie liegt darin, daß sie symbolisch anzeigt, in welchen Häusern und Zeichen und in welcher Verbindung mit Planetenkräften es uns laut unserem Lebensplan gelingen soll, das Karmagesetz überhaupt als Lebensthema zu erkennen! Die Mondknotenachse erinnert uns an die Gesetzmäßigkeit von Ursache und Wirkung.

Der nördliche Mondknoten repräsentiert neue Ursachen, die wir in diesem Leben setzen können, um daraus erwünschte Wirkungen entstehen zu lassen. Der südliche Mondknoten stellt alte, früher gesetzte Ursachen dar, die sich in diesem Leben als Wirkungen zu erkennen geben.

Die gesamte Achse weist mit ihrer unauflöslichen Zugehörigkeit zu aufsteigendem und absteigendem Mondknoten als Ausdruck der Beziehung zwischen Erde, Mond und Sonne darauf hin, daß es nahezu unmöglich ist, sich über das kosmische Zusammenspiel der Gestirne zu erheben, die unsere Lebenssituation symbolisch widerspiegeln. Die Mondknotenachse zwingt uns also dazu, etwas zu finden, was über die Bindung von Körper, Raum und Zeit hinausführt.

Anders gesagt: Die Mondknotenachse zeigt vor allem an, wie wir unsere karmische Festlegung erkennen und wie wir unseren bewußten freien Willen entwickeln können, um uns aus dem Karmagesetz zu befreien. Dabei steht nicht im Vordergrund, welches konkrete Karma uns bedrückt oder erhebt, sondern daß wir Karma als Lebensgesetz überhaupt wahrnehmen.

In den folgenden Texten bezieht sich »Mondknoten« immer auf den nördlichen, aufsteigenden Mondknoten, wie in der Astrologie üblich. Im Anhang finden Sie eine Tabelle, mit der Sie Ihren persönlichen Mondknotenstand in den Zeichen ermitteln können (→ S. 155).

Die Mondknoten in den 12 Tierkreisabschnitten

Mondknoten im Widder

Wichtige Aufgaben in Ihrem Leben bestehen darin, daß Sie sich selbst mehr zutrauen, daß Sie Ihre Standpunkte deutlicher vertreten und daß Sie Ihre Unabhängigkeit entwickeln. Sie können nur soviel geben, wie Sie selbst haben! Ein Persönlichkeitskonflikt könnte allerdings daraus entstehen, daß der Prozeß der Selbstfindung und Selbstverwirklichung durch eine eingefleischte Tendenz gestört wird, von anderen zuviel zu erwarten, unberechtigte Ansprüche zu erheben und generell zu glauben, die Welt sei nur dazu geschaffen, damit Sie selbst es gut haben. Sie sollten also sowohl mit beiden Beinen auf dem Boden stehen als auch Ihren Blick in die Höhen des Geistes erheben. Arbeiten Sie beharrlich, aber auch mit Rücksicht auf andere Menschen daran, Ihre eigene Identität zu finden, Ihren persönlichen Lebensweg zu gehen und ein harmonischer Teil Ihrer Gemeinschaft zu sein.

In Ihren Beziehungen neigen Sie dazu, dem Partner Entscheidungen zu überlassen. Das scheint oft einfacher und hält Sie aus der Schußlinie etwaiger Kritik heraus. Trauen Sie sich selbst mehr zu, verlassen Sie sich stärker auf sich selbst. Befreien Sie sich in Ihrem Selbstwertgefühl stärker vom Urteil des Partners!

Bei dieser Stellung der Mondknotenachse geht es um den karmischen Fluß vom Element Luft zum Element Feuer, es geht um eine Wandlung des Schicksals von intellektuellen, verstandesmäßigen Betrachtungen zur energischen, kraftvollen Tat.

Mondknoten im Stier

Sie dürfen Ihre Findigkeit, Ihren Einfallsreichtum und Ihre praktischen Fähigkeiten ruhig noch mehr nutzen. Sie können gut mit materiellen Werten umgehen und ziehen Besitz an – sowie Menschen, die selber nicht so sicher sind. Ihnen sollten Sie helfen, eigene Stärken zu entwickeln, und sich davor hüten, daß sie von Ihnen abhängig werden.

Manche Astrologen sprechen auch vom Mißbrauch sexueller Kräfte in früheren Leben oder Zeiten aufgrund der Stellung des absteigenden Mondknotens im Zeichen Skorpion. Hier könnte sich also noch eine Achillesferse zeigen. In diesem Leben gilt es deshalb, Lust zu Liebe zu wandeln und Machtstreben zu Respekt vor dem freien Willen anderer. Auf jeden Fall sollten Sie darauf bedacht sein, nicht unnötig neue karmische »Schulden« anzuhäufen.

Sie sollten persönliche und materielle Werte in der Beziehung besser einschätzen lernen. Entwickeln Sie Ihre Beziehung ganzheitlich: Sex und Eros, Wissen und berufliches Ansehen, Besitz und Einkommen sind gleichberechtigt. Und lassen Sie sich darauf ein, daß Sie nicht nur geben, sondern auch empfangen dürfen! Der Schicksalsfluß strömt bei dieser Mondknotenposition vom Element Wasser zum Element Erde. Karmische Energien sollten also von starker Gefühlhaftigkeit zu konkreter und solider Lebensführung transformiert werden.

Mondknoten in den Zwillingen

Das Leben fordert Sie heraus, sich intensiv auf den Austausch mit anderen Menschen und mit der Gesellschaft als Ganzem einzulassen. Sie können der Welt nicht einfach den Rücken kehren und im stillen Kämmerlein nur Ihren eigenen Überzeugungen und Meinungen nachhängen. Sie haben die große Chance, unterschiedliche Ideen und Standpunkte kennenzulernen und mit einer weltoffenen, optimistischen Lebenseinstellung Ihre Umwelt zu beleben.

Dazu ist es jedoch notwendig, daß Sie sich von alten Vorurteilen trennen und daß Sie dem echten zwischenmenschlichen Austausch mehr Raum geben als Ihrem manchmal übertriebenen Individualismus oder einem Missionierungsdrang.

Pflegen Sie die offene Kommunikation zwischen sich und Ihrem Partner – auch dann, wenn Sie selbst »immer den Anfang machen« müssen. Damit ist nicht die Mitteilung von reinen Fakten oder gesellschaftlichem »small talk« gemeint, sondern ein echter Austausch von Herz zu Herz, von Seele zu Seele!

Hier geht es um die Transformation von Feuerenergien zu Luftkräften. Die karmische Herausforderung besteht darin, bewußter nachzudenken und ruhiger zu urteilen, statt aktiv und oft vorschnell zu handeln.

Mondknoten im Krebs

Ihre (vielleicht noch gar nicht so bewußten) Ideale und Energien zielen auf eine harmonische häusliche beziehungsweise familiäre Situation. Das kann zur entscheidenden soliden Grundlage werden, um echte Erfüllung im Leben zu finden. Oft sind Sie eine Schlüsselfigur in der Familie oder in Ihrer engeren Lebensgemeinschaft. Sie sind sensibel und empfinden tiefes Mitgefühl für die Nöte und Sorgen anderer Menschen.

Möglicherweise spüren Sie aber, daß in Ihnen überlebte Verhaltensmuster wirken, die Sie anspornen, sich mehr öffentliche Anerkennung zu verschaffen und Machtpositionen zu erreichen. Dann sollten Sie prüfen, ob verletzte Eitelkeit eine Rolle spielt, ob es sich um unbewußte Projektionen handelt oder ob Sie wirklich ein harmonisches Privatleben zugunsten eines zeitweisen Erfolgs und Respekts in der Außenwelt aufgeben wollen.

Die häusliche Seite einer echten Partnerschaft ist in Wirklichkeit wichtiger für die Harmonie der Beziehung, als Sie glauben.

Sie sollten berufliche Ambitionen überprüfen, die Ihre Partnerschaft beeinträchtigen. Was ist Ihnen wichtiger: äußerlicher Erfolg oder das innere Bedürfnis nach einer erfüllten menschlichen Beziehung?

Bei dieser Stellung der Mondknotenachse beeinflussen alte Erdelement-Prägungen neue Aufgaben, die dem Element Wasser unterstehen. Materielle Überlegungen sollten einem feinen, sensiblen Mitgefühl untergeordnet bleiben.

Mondknoten im Löwen

Vielleicht fühlen Sie einen Widerstreit zwischen dem »Auftrag dieses Lebens« und einer alten Gewohnheit, sich möglichst vom Leben zurückzuziehen, nicht »aufzufallen« und entweder verächtlich auf das Weltgeschehen herabzublicken oder es voller Abscheu abzulehnen. Auch eine scheinbar objektive Einstellung kann versteckte Ichsucht sein.

Öffnen Sie sich für Ihren Partner, halten Sie emotional nicht so zurück, werden Sie großzügiger und entwickeln Sie mehr Herzenswärme. Vielleicht sind Sie nur noch zu schüchtern dazu, vielleicht wurde Ihre Kreativität früher unterdrückt, oder Sie fühlen sich ausgenutzt – machen Sie dennoch einen neuen Anfang!

Das Schicksal fordert bei dieser Mondknotenstellung, daß wir Luftkräfte zu Feuerkräften wandeln. Nicht der ungezwungene oder gar unverbindlich-oberflächliche Austausch von Ideen ist gefragt, sondern der eigene mutige und verantwortliche Einsatz in der Praxis.

Mondknoten in der Jungfrau

Klarheit im Denken, Geradlinigkeit im Verhalten, Unterscheidungsfähigkeit im Urteil und Aufrichtigkeit im Seelischen sind die Stärken, die es bei dieser Mondknotenstellung zu entwickeln gilt. Flucht vor dem Leben oder ein Schwelgen in Sinneserfahrungen oder Übersinnlichem wird Sie nicht weiterbringen.

Nehmen Sie Herausforderungen in der Partnerschaft ruhig etwas ernster und scheuen Sie sich nicht, auch eigene Fehler kritisch zu untersuchen. Niemand schuldet Ihnen etwas, fast alles im Leben muß erst geduldig erarbeitet werden – auch bei der Erfüllung in der Liebe und im Ausgleich zwischen Privatsphäre und Gemeinsamkeiten.

Qualitäten des Wasserelements haben vergangene Leben und alte Persönlichkeitsprägungen bestimmt; in diesem Leben besteht eine wichtige Aufgabe darin, diese Energien in erdhafte Qualitäten zu transformieren. Nicht Glauben, Inspiration oder Gefühle sollten den Menschen leiten, sondern praktische Überlegungen, konkrete Anwendungen und sichere Formen und Strukturen.

Mondknoten in der Waage

Gewinnen, ohne zu kämpfen, das Leben genießen, ohne sich anzustrengen, sind Vorzüge, an denen Sie sich erfreuen können. Sie verfügen sowohl über genügend Diplomatie und Geschmack als auch über eine besondere Anziehungskraft, so daß Ihnen vieles zufällt. Die Aufgabe dieser Mondknotenstellung besteht darin, daß Sie nicht in Eigenliebe verharren, sondern sich zur Seelenebene aufschwingen und andere Menschen in der rechten Weise lieben – und ihnen dienen. Wenn karmische Prägungen aus einem früheren Leben, in dem Sie Ihren Launen spontan nachgaben, Ärger und Aggressionen unmittelbar auslebten und auch sonst ihre Interessen mit dem Kopf durch die Wand verfolgten, noch stark wirksam sind, könnte Ihnen das schwerfallen.

»Erfolg« in einer Beziehung stellt sich meist erst dann dauerhaft ein, wenn beide Partner gleich viel gelten, wenn beide mit ihren Ideen und Wünschen zum Zuge kommen. Sie sollten

Ihrem Partner mehr entgegenkommen, mehr auf ihn eingehen und weniger darauf bestehen, daß möglichst immer Ihre eigenen Pläne durchgeführt werden.

Alte Instinkte und Triebe, die auf der oft »blind« vorwärtsdrängenden Kraft des Feuerelements aufgebaut haben, müssen umgewandelt werden zu den immer noch lebendigen, aber bedachteren Ideen und Plänen des Luftelements.

Mondknoten im Skorpion

Sie suchen wahre Werte und sind bereit, dafür extreme Lebenssituationen heraufzubeschwören und dann auch zu bestehen oder wenigstens zu durchleben. Ihre Aufgabe besteht darin, eine geistige Wandlung und eine umfassende spirituelle Regeneration anzustreben und dabei andere Menschen nicht mit Ihrer Energie zu überfahren. Vielleicht zögern Sie noch, diesem inneren Auftrag zu folgen, weil Sie materielle Ziele und Bequemlichkeiten nicht leichtfertig aufs Spiel setzen mögen. Sie sollten auch der Neigung zur allzu gewaltsamen Durchsetzung Ihrer Pläne entgegenwirken.

Machtstreben kann keine Grundlage für eine harmonische Beziehung sein; gegenseitige Förderung ist in allen echten Partnerschaften eine selbstverständliche Tugend. In Beziehungen geht es nicht darum, wie »clever« oder willensstark, sondern wie offen wir für die lebendige Entfaltung beider Menschen sind.

Man ist versucht, in traditionellen und bewährten Formen und Verhaltensweisen, die zum astrologischen Element Erde gehören, steckenzubleiben. Die Aufgabe in diesem Leben besteht aber darin, sich auf die fließenden und eben nicht so bekannten Kräfte des Unbewußten und Unterbewußten einzulassen und ihnen im Leben Raum zur Entfaltung zu geben.

Mondknoten im Schützen

Sie gewinnen im Leben, wenn Sie Ihren Blick auf weitere Horizonte richten, wenn Sie sich mit fernen Ländern, fremden Welten, neuen Erkenntnissen und der »inneren Astrologie« der Seele befassen. Sie können zum Pionier auf einem dieser Gebiete werden. Im Umgang mit der Umwelt tendieren Sie dazu, sich so unverblümt auszudrücken, daß andere Menschen sich dadurch vielleicht verletzt fühlen. Sie sollten auch Neigungen zur Oberflächlichkeit genau überprüfen und sich selbst mehr Stabilität gönnen. Das schränkt Ihren Freiheitsdrang keineswegs ein!

Lassen Sie sich in Ihren Beziehungen auf den Zauber Ihrer (gemeinsamen?) Ideale ein, verwirklichen Sie wenigstens einen Teil Ihrer Träume von Reisen in ferne Länder und andere Welten. Sie sollten den angeblichen Notwendigkeiten und Behinderungen des »Alltags« widerstehen, auch wenn Sie von Ihrem Partner vorgebracht werden.

Bei dieser Mondknotenstellung wird der Mensch aufgefordert, aus Luft Feuer zu »machen«. Es geht also um die Transformation von Gedanken, Ideen, Plänen und Intuitionen in energische und dynamische Aktion, um den tatsächlichen Einsatz der eigenen Kräfte für eine als sinnvoll erkannte Sache.

Mondknoten im Steinbock

Ihr Beruf und eine möglichst sichtbare Arbeit in der Öffentlichkeit wird sich für Sie als ein wahres Lebenselixier erweisen. Wenn Sie mit Bedacht an Ihren beruflichen Idealen arbeiten, werden Sie nicht nur für sich Erfolge verbuchen, sondern auch anderen helfen und darüber hinaus ein stabiles Fundament für Ihr Privatleben aufbauen können.

Vermutlich spüren Sie – vor allem in der ersten Hälfte des Lebens – immer wieder eine Neigung, vor einem öffentlichen Engagement zurückzuweichen und häusliche Dinge oder den Aufbau eines eigenen Heims vorrangig zu behandeln. Dort fühlen Sie sich seelisch mehr zu Hause. Sie sollten jedoch erkennen, daß auch ein bewußtes Engagement in der Außenwelt Energien freisetzen kann, die Sie dann sehr sinnvoll zur Entfaltung des Innenlebens nutzen können. Sonst laufen Sie womöglich Gefahr, die heimischen Interessen nicht zu verwirklichen und das Leben laufend durch eine allzu rosige Brille zu sehen.

Um eine erfüllte Beziehung zu erleben, müssen Sie sich in Partnerschaft, Familie und mit Kindern nicht völlig aufgeben. Sie »dürfen« und sollen sogar auch an sich selbst denken, an Ihre beruflichen Chancen zur Selbstverwirklichung »außen«. Als ganzer Mensch sind Sie auch in einer Partnerschaft »wertvoller«!

Was sich im Wasserzeichen noch als Ahnung, Sehnsucht oder Wunsch aus dem Unbewußten oder Unterbewußten äußert, muß in diesem Leben nun in eine feste und sichere »erdhafte« Form oder Struktur gebracht werden.

Mondknoten im Wassermann

Bei dieser Stellung der Mondknotenachse kommt es darauf an, daß Sie Ihre Aufgaben in der Gesellschaft erkennen und annehmen. Ihre spirituelle Entwicklung wird durch Dienste in Ihrer sozialen Gemeinschaft wesentlich gefördert. Nicht persönlicher Glanz und Gloria zählen – das war einmal so in einem früheren Leben – sondern das, was Sie zum Nutzen anderer Menschen erforschen, verbreiten, aufbauen und bewirken können.

Sie neigen dazu, sich gleich mit jedem Mitglied des anderen Geschlechts, das Ihnen irgendwie gefällt, heftig einzulassen. Ihr Partner sollte aber nicht nur Ihr Liebhaber sein, sondern auch Ihr Freund (zumindest sollte er es werden können!). Oder ist Ihnen das zu unromantisch? Ein bißchen mehr innerer Abstand schadet nicht!

Die Versuchung ist groß, in den vertrauten Verhaltensmustern des Feuerelements verhaftet zu bleiben, sich also spontanen und sehr individuellen Triebkräften zu überlassen. Die karmische Herausforderung dieser Mondknotenposition besteht aber darin, daß Analyse, Unterscheidungskraft und echter Austausch mit einem oder mehreren Menschen als Kräfte des Elements Luft entwickelt werden.

Mondknoten in Fische

Mitgefühl für das Los vieler Menschen, die Erkenntnis, welche Verhaltensmuster und Weltanschauungen zu starr und nicht mehr funktionsfähig sind, sowie Ahnungen und Inspirationen über Lebenssinn und Seelenwege gehören zum Potential Ihrer Gaben. Haben Sie diese Gaben schon entdeckt und entfaltet? Wahrscheinlich ringen Sie damit, ein lang verwurzeltes Bedürfnis nach klaren Ordnungen und Methoden sowie Ihre gewohnheitsmäßige Kritikfähigkeit mit den neu auf Sie hereinströmenden Kräften der Intuition und Transzendenz in Einklang zu bringen.

Bei dieser Stellung der Mondknotenachse wird häufig eine gewisse Sturheit zum Thema in der Partnerschaft, durch die sich ernsthafte Reibungen ergeben. Entspannen Sie sich mehr, verlangen oder erwarten Sie nicht zuviel vom Partner, geben Sie öfter einmal nach. Eine Beziehung zu pflegen heißt, auch opfern zu können!

Abwägende Skepsis und planvolles Sicherheitsstreben halten uns in alten karmischen Einflüssen des Elements Erde gefangen. Statt dessen sollten wir uns auf die weniger greifbaren Bewußtseinsenergien des Elements Wasser einlassen und diese in unserem Leben zur Geltung bringen, so zum Beispiel Sensibilität, Empfindsamkeit, Idealismus, Öffnung zum Unbewußten, Öffnung für höhere Inspirationen.

Die Tabelle zu den Mondknoten finden Sie im Anhang (→ S. 155).

6. Zwischen Entspannung und Anspannung

Warum Quadrate auch gut und Trigone auch schlecht sein können – Zur Bedeutung der Aspekte

Der Mars symbolisiert eine bestimmte Kraft, die Sonne eine andere, die weiteren Planeten symbolisieren wieder andere Kräfte. Die Wirkung dieser Kräfte aufeinander ergibt sich durch die sogenannten Aspekte. Das sind Winkelbeziehungen zwischen Planeten. Es kommt darauf an, ob sie sich genau gegenüber stehen oder ganz dicht beieinander und so fort.

Stellen Sie sich vor, Sie sitzen dicht neben Ihrem Partner auf einer Bank am Waldesrand, oder Sie gehen zusammen spazieren und blicken eng aneinandergeschmiegt in dieselbe Richtung über die Landschaft. Das ist eine besondere »Winkelbeziehung«, eine Konjunktion – vermutlich eine sehr erfreuliche.

Wenn Sie sich nun in enger Umarmung direkt gegenüberstehen oder zueinander gewandt eng umschlungen liegen, so ist das eine andere »Winkelbeziehung«, nämlich eine Opposition – ebenfalls eine meist sehr erfreuliche.

Wie ist es aber, wenn Sie ganz dicht an dicht neben wildfremden oder Ihnen sogar unsympathischen Menschen in der U-Bahn stehen und nur darauf warten, daß sich die Tür endlich öffnet und Sie aussteigen können? Das ist auch eine »Konjunktion«, jedoch eine weniger erfreuliche.

Ein typisches Beispiel für eine unerfreuliche »Opposition« wäre ein Boxkampf, bei dem sich zwei Menschen direkt gegenüberstehen, allerdings bereit, sich gegenseitig zu verletzen.

Es gibt zahllose weitere Beispiele für die Wirkungen der

Aspekte, wie sie in der Astrologie verwendet werden. An dieser Stelle nur noch eines: Probieren Sie aus, ob Sie beim gemütlichen Plaudern Ihren Freunden lieber gegenüber sitzen oder ob Sie sich wohler fühlen, wenn Sie nebeneinander »über Eck« (also im »Quadrat«) oder leicht versetzt (im »Sextil« oder im »Trigon«) sitzen. Sie werden staunen, wieviel es ausmacht, in welchem Winkel Sie zu anderen Menschen sitzen!

Aspekte sagen also etwas darüber aus, wie sich die Planetenkräfte gegenseitig beeinflussen. Wenn es keinen Kontakt zwischen den einzelnen Planeten gibt, so haben diese Planeten nichts oder nicht viel miteinander zu tun.

Im Horoskopkreis sind mit farbigen oder schwarzen Strichen zwischen den Planetensymbolen sogenannte Aspekte eingezeichnet. Auf den Horoskopblättern sind zudem weitere Angaben (mit oder ohne kleine Winkelsymbole) zu den Aspekten abgedruckt. Die Gradzahlen dieser Winkel geben Aufschluß darüber, ob und – falls ja – wie die jeweiligen Planetenkräfte aufeinander wirken, ob sie harmonieren oder sich gegenseitig herausfordern, antreiben oder beruhigen etc.

In der Astrologie geht man also davon aus, daß Aspekte eine besondere Bedeutung besitzen. Man beachtet vor allem jene Winkelwerte, die sich ergeben, wenn man den Horoskopkreis von 360 Grad nacheinander genau durch 1, 2, 3, 4, 5, 6 usw. teilt.

Wenn im Horoskopkreis von 360 Grad zwei Planeten genau an derselben Stelle stehen, nennt man das eine Konjunktion. (Der Horoskopkreis wird durch 1 geteilt.)

Stehen sich zwei Planeten genau gegenüber, spricht man von einer Opposition. (Dabei wird der Horoskopkreis von 360 durch 2 geteilt, wir haben einen 180 Grad-Winkel.)

Übersicht der wichtigsten Aspekte

Konjunktion 0 beziehungsweise 360 Grad = 360:1
Konzentration von Kräften, die je nach Planeten Spannung oder
Kraftverstärkung bedeutet. Aktivität, Wirksamkeit; Berührung!
Die Konjunktion ist ein sehr starker Aspekt. Er »gilt« auch dann
noch, wenn die beiden Planeten sich nicht in einer ganz exakten
Konjunktion befinden, sondern bis zu 8 Grad voneinander ent-
fernt sind.

Opposition 180 Grad = 360:2
Polare Spannung, die zur bewußten Klärung herausfordert; »Be-
gegnungsaspekt«. Bewußtheit, Erkenntnis, Gegenüberstellung.
Die Opposition ist ein starker Aspekt. Wirksamkeit ebenfalls bis
zu 8 Grad Entfernung möglich.

Trigon 120 Grad = 360:3
Ausgleichende Synthese (die auch träge machen kann); »Pro-
duktivitätsaspekt«. Schöpfung, Gestaltung, Harmonie.
Das Trigon ist ein mittelstarker Aspekt. Er gilt bis zu 6 Grad
Entfernung vom exakten Winkelwert.

Quadrat 90 Grad = 360:4
Spannung, die zum konstruktiven Umgang auffordert; »Heraus-
forderungs- oder Widerstandsaspekt«. Aufbau, Konstruktion.
Das Quadrat ist ein starker Aspekt. Auch das Quadrat ist bis zu
6 Grad Entfernung wirksam.

Quintil 72 Grad = 360:5
Kunstsinn und künstlerisches Können, schöpferische Transformation. Das Quintil ist ein schwacher Aspekt. Er gilt nur bis zu
2 Grad Entfernung vom exakten Wert.

Sextil 60 Grad = 360:6
Harmonischer Aspekt, der eigene Kreativität verlangt bezie-

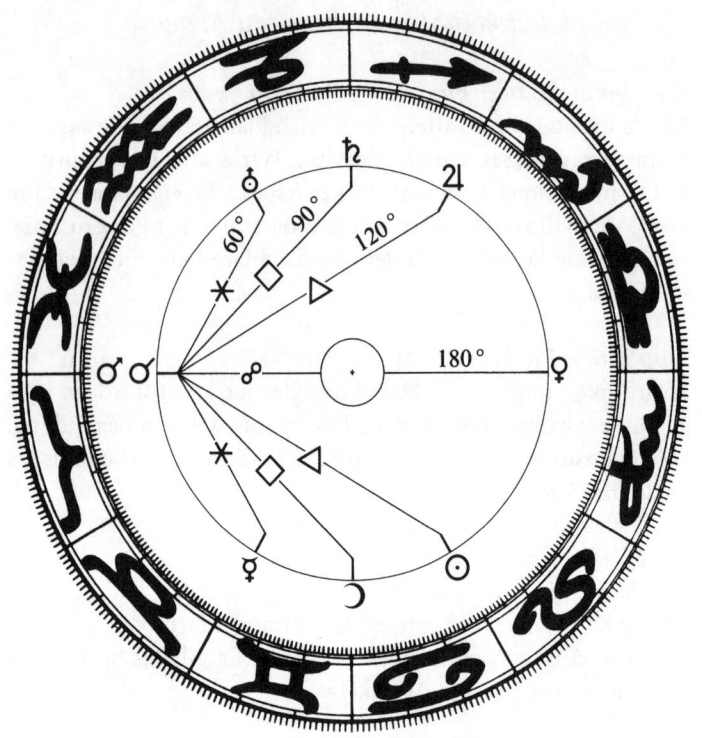

Abb. 5: Der Horoskopkreis mit den Hauptaspekten: Konjunktion (0°),
Sextil (60°), Quadrat (90°), Trigon (120°), und Opposition (180°). (Darstellung nach Astrodata, Zürich)

hungsweise anregt; »Neigungsaspekt«. Wird auch »kleines Trigon« genannt. Erzeugung, Werk; unbeschwerte Freude. Das
Sextil ist ein schwächerer bis mittelstarker Aspekt. Er gilt bis
etwa 4 Grad.

Hier einige Beispiele zu Aspekten zwischen Mars und Uranus
(weitere Integrationen können im Standardwerk ›Die Deutung

des Horoskops‹, → Literaturhinweise, S. 134, nachgelesen werden):

- Kombination von Mars/Uranus allgemein: Plötzliche Energieausbrüche, Eigenwilligkeit, ungewöhnliche Leistungen.
- Energieaspekt Konjunktion Mars/Uranus: Freiheitstrieb, Originalität(ssucht?), energische Suche nach der eigenen Identität; Trennung von männlichen Personen.
- Förderungsaspekte Trigon/Sextil Mars/Uranus: Aktion und Intellekt verbinden sich günstig, starkes Selbstwertgefühl und Anerkennung der Gleichheit aller Menschen, Reforminteresse.
- Herausforderungsaspekte Opposition/Quadrat Mars/Uranus: Konflikte zwischen Individuum und Gruppe, zwischen Führungsanspruch und Fähigkeit zu folgen, zwischen Intensität und Unverbindlichkeit.

7. Einstieg zur Deutung des Horoskops

Ein Planetenkalender für das ganze Leben –
Die Bedeutung der Planetenfolge im Horoskop –
Eine Horoskopuhr

Ein Planetenkalender für Ihr ganzes Leben

Die ganze Schöpfung, der gesamte Kosmos ist voller Schwingungen und Rhythmen, die sich nach bestimmten Zeitzyklen gestalten. Elektronen schwingen um den Atomkern auf eine natürlich geordnete Weise. Innerhalb des Sonnensystems ziehen die Planeten in geordneten Rhythmen ihre Bahnen. Das Wachstum von Mensch, Tier und Pflanze folgt gewissen Gesetzen, denen gemeinsam ist, daß sie durch Zeitzyklen bestimmt werden. Geburt, Kindheit, Jugend, Erwachsenenzeit, Alter, Greisenalter, Tod stellen die Stationen des körperlichen Lebens dar. Wenn wir den Rhythmus eines Ereignisses erfassen, erschließen sich die Gesetze des Ablaufs und der Sinn auf eine neue Weise.

Im Rahmen der astrologischen Lebensbetrachtung gibt es Zeitraster, die von den Planeten bestimmt sind. Der verstorbene Astrologe und Philosoph Thomas Ring griff den Siebener-Rhythmus auf, den auch andere Astrologen vor ihm beobachtet und als wichtig erkannt hatten, fand aber neue Entsprechungen. Seine Sichtweise ist in den hier vorgestellten persönlichen Planetenkalender miteingeflossen.

Die Frühphase vom 1.–7. Lebensjahr

Das 1. Lebensjahr wird vom Mond bestimmt. Das Kind ist ganz auf die Mutter eingestellt und auf sie angewiesen. Es lebt körperlich wie seelisch mit und durch die Mutter.

Im 2. Lebensjahr beginnt sich das Kind zu artikulieren und mit seinem Körper nach eigenem Willen umzugehen. Dieses Jahr wird vom Merkur bestimmt.

Über dem 3. Lebensjahr steht die symbolische Venuskraft. Gemeinschaftssinn entsteht, es ist die Zeit der einfachen Märchen, des Träumens und der sinnlichen Anschauung.

Im 4. Lebensjahr tritt die Ausbildung des Selbstbewußtseins, des Geltungsdrangs (Trotzalter), stärker in den Vordergrund. Das Kind spricht nun mehr in Ich-Form und kann inzwischen zwischen Subjekt und Objekt klar unterscheiden. Dies ist das Sonnenjahr.

Das 5. Lebensjahr ist in dieser Entsprechung ein Marsjahr. Tätigkeits- und Forscherdrang treten hervor, das Kind versucht, etwas zu bauen, und noch häufiger, Dinge zu zerlegen. Der Ich-Wille bestimmt dieses Alter stark – jetzt muß der junge Mensch auch seine Grenzen kennenlernen. Er braucht viel körperliche Bewegung!

Im 6. Lebensjahr machen sich Abenteuerlust und Eroberungsdrang bemerkbar. Die Seele wird aufnahmefähig für Sinnzusammenhänge und für ein spirituell-religiöses Welterleben. Diese Aspekte entsprechen dem Jupiter.

Im 7. Lebensjahr findet die Ablösung vom Kleinkindalter statt. Mit dem Eintritt in die Schule gehen soziale Anpassung, Beginn der Eigenverantwortlichkeit und Eingewöhnung in festere Strukturen einher. Hier finden wir den Saturn als symbolischen Regenten.

Von nun an geht es in Schritten von jeweils sieben Jahren weiter. Jeder Abschnitt wird in seinem Gesamtcharakter abwechselnd von je einem Planeten in der geschilderten Reihenfolge repräsentiert. Zusätzlich wirkt in den einzelnen Jahren der symbolische Einfluß des Jahresplaneten. Die »transpersonalen« Planeten Uranus, Neptun und Pluto spielen dabei übrigens keine Rolle.

Bei den einzelnen Lebensjahren nenne ich zuerst den Planeten, dessen symbolische Qualitäten die gesamte Spanne der sieben Jahre im entsprechenden Abschnitt prägen, danach den Planeten, der ein Jahr lang seine Färbung dazugibt. Danach folgen zwei Schlüsselworte, welche die Qualitäten der beiden Planeten griffig – wenn auch stark vereinfacht – repräsentieren.

Diese Schlüsselworte vermitteln einen ersten Eindruck, welche Themen, Erfahrungen, Erlebnisweisen und Qualitäten in diesem Jahr besonders wichtig sind – entweder, weil Sie sie anstreben, oder weil sie Ihnen zum Problem werden.

Sie werden merken, daß ich (als ausgeprägter Sonnentyp) dazu neige, die positiven Seiten des Lebens in den Vordergrund zu stellen. Probleme machen sich leider schon von selbst bemerkbar, aber wir alle richten unser Augenmerk viel zu wenig auf die Chancen, ein besseres, bewußteres und harmonischeres Leben zu führen.

Achtung: Bei den Jahreszahlen handelt es sich um das Lebensjahr, in dem man sich befindet! »36« bedeutet also, daß jemand bereits seinen 35. Geburtstag hatte und sich jetzt im laufenden 36. Lebensjahr befindet. Wer zum Beispiel sagt, »ich bin 47«, befindet sich im 48. Lebensjahr und sollte die Stichworte dort nachlesen, nicht die unter »47«.

Die Hauptphasen

8 – 14 Jahre

Die Mondphase: Zeit des traumhaften Beginns
Kindliche Entwicklung durch Nachahmung, bereitwillige Aufnahme von Informationen und Anschauungen, meist unbewußte Persönlichkeitsbildung durch unmittelbares Erleben. Positive Bei-

spiele sind unabdingbare Voraussetzung für eine sichere Lebensführung später.

  8 Mond/Mond   Gefühl/Familiensinn
  9 Mond/Merkur   Gefühl/Sprechbedürfnis
10 Mond/Venus   Gefühl/Sehnsucht, geliebt zu werden
11 Mond/Sonne   Gefühl/Entwicklung von Selbstbewußt-
                    sein
12 Mond/Mars   Gefühl/Kräfte erproben
13 Mond/Jupiter   Gefühl/Entfaltungsmöglichkeit
14 Mond/Saturn   Gefühl/Konzentrationsfähigkeit

15 – 21 Jahre

Die Merkurphase: Zeit der suchenden Intelligenz

Formung eigener Standpunkte, oft noch schwankend und unreif-übertrieben; Gefahr der Verführungen und Verirrungen, falls keine klare geistige Führung vorhanden ist. Werte müssen von Erwachsenen klar definiert und vorgelebt werden.

15 Merkur/Mond   Verstand/Wechselnde Stimmungen
16 Merkur/Merkur Verstand/Ausdrucksfähigkeit
17 Merkur/Venus   Verstand/Erste Liebeserfahrung
18 Merkur/Sonne   Verstand/Selbstbestimmung
19 Merkur/Mars   Verstand/Sportliche Fähigkeiten
20 Merkur/Jupiter Verstand/Erste eigene Verdienste
21 Merkur/Saturn Verstand/Beharrungsvermögen

22 – 28 Jahre

Die Venusphase: Zeit der Liebe und Begegnungen

Intime Begegnungen mit einem »Du« außerhalb der Familie, Erblühen des erotischen Erlebens. Einrichtung im Leben nach eigenem Geschmack und Vermögen; Ausbildung sozialer Lebens- und Genußformen.

22 Venus/Mond   Liebe/Aufbau eigener Familie
23 Venus/Merkur Liebe/Kommerzielle Interessen

24 Venus/Venus	Liebe/Sehnsucht nach Intimität
25 Venus/Sonne	Liebe/Lebensfreude
26 Venus/Mars	Liebe/Erotische Höhepunkte
27 Venus/Jupiter	Liebe/Entfaltung mit dem Du
28 Venus/Saturn	Liebe/Erfahrung von Grenzen

29 – 35 Jahre

Die Sonnenphase: Zeit schöpferischer Selbstentfaltung
Oft erreicht man schon in dieser Phase einen Höhepunkt in der beruflichen Stellung sowie an Geltung und Erfolg. Aktive Gestaltung des Lebens; Fähigkeit, Ziele zu definieren und Pläne konstruktiv umzusetzen.

29 Sonne/Mond	Ich/Neue Lebensträume
30 Sonne/Merkur	Ich/Intelligente Selbstkritik
31 Sonne/Venus	Ich/Harmoniebedürfnis
32 Sonne/Sonne	Ich/Schöpferische Pläne
33 Sonne/Mars	Ich/Energische Verwirklichung
34 Sonne/Jupiter	Ich/Gesellschaftliche Erfolge
35 Sonne/Saturn	Ich/Standvermögen bei Problemen

36 – 42 Jahre

Die Marsphase: Zeit der angespannten Durchsetzung
Auseinandersetzung mit Widerständen und Rivalitäten. Entweder erklimmt man jetzt noch höhere Gipfel der Leistungsfähigkeit und des Erfolgs, oder es zeigen sich erste Verschleißerscheinungen wegen zu großer Verausgabung.

36 Mars/Mond	Energie/Neue Sicht der Frau
37 Mars/Merkur	Energie/Finanzielle Pläne
38 Mars/Venus	Energie/ Zweiter Frühling
39 Mars/Sonne	Energie/Stolz auf bislang Erreichtes
40 Mars/Mars	Energie/Selbstbehauptungswille
41 Mars/Jupiter	Energie/Gerechtigkeit
42 Mars/Saturn	Energie/Konservative Einstellungen

Die Jupiterphase: Zeit des Erfolgs und der Reife
Besinnung auf nicht-materialistische Werte, Öffnung für eine gelassenere Lebenseinstellung, Rücknahme allzu aggressiver Verfolgung von Zielen. Sinnsuche oder Sinnkrise beziehungsweise Torschlußpanik.

43 Jupiter/Mond   Entfaltung/Entwicklung von Häuslichkeit
44 Jupiter/Merkur Entfaltung/Grundlegende Gelderfolge
45 Jupiter/Venus   Entfaltung/Vertieftes Liebeserleben
46 Jupiter/Sonne   Entfaltung/Sicheres Selbstvertrauen
47 Jupiter/Mars   Entfaltung/Streben nach Jugendkraft
48 Jupiter/Jupiter Entfaltung/Wohlstand beziehungsweise
                     Sinnsuche
49 Jupiter/Saturn Entfaltung/Bewahrung des Bewährten

50 – 56 Jahre

Die Saturnphase: Zeit der Bewährung und Sicherung
Nun muß sich Erreichtes bewähren – sowohl im Hinblick auf die soziale Stellung und die materielle Sicherheit als auch in bezug auf persönliche Lebensführung, bisherige Charakterbildung und geistige Ausrichtung.

Ring spricht hier vom *biographischen Alter* und Memoiren sowie vom *hippokratischem Alter* und Krankheiten.

50 Saturn/Mond   Sicherung/Gefühle wiederentdecken
51 Saturn/Merkur Sicherung/Über Materielles nachdenken
52 Saturn/Venus   Sicherung/Liebe wieder mehr schätzen
53 Saturn/Sonne   Sicherung/Neue Identität finden
54 Saturn/Mars   Sicherung/Frische Kräfte mobilisieren
55 Saturn/Jupiter Sicherung/Höhere Werte verinnerlichen
56 Saturn/Saturn Sicherung/Alter sichern wollen

Spätphasen

57 – 63 Jahre

Neue Mondphase: Umstellung von weltlichen Lebenszielen auf eine eher geistige Orientierung. Gespür für die wachsende Notwendigkeit, neue überkörperliche und transzendente Lebensquellen zu erschließen.

64 – 70 Jahre

Neue Merkurphase: Ausbildung eines neuen Persönlichkeitsbewußtseins; zweckgebundenes Abwägen, was dem Menschen nutzt und was nicht. Dadurch weitere geistig-religiöse Zuwendung, wenn man früher eine Basis dafür geschaffen hat.

71 – 77 Jahre

Neue Venusphase: Altersharmonie; universelle Menschenliebe oder Isolierung. Bei entsprechender Seelenneigung Öffnung für das eigene spirituelle Wesen und seine kosmische Heimat. Eine gute Zeit für Meditation.

78 – 84 Jahre

Neue Sonnenphase: Wenn das Leben zuvor bewußt geführt wurde, Erkenntnis letzter Dinge; bisweilen Gnadenerweise in Form von Einblicken in das Jenseits. Chance, die innere Sonne zu sehen. Allmähliche Loslösung der bewußten Seele von den Verhaftungen an Erde und Materie.

Der Rückgang körperlicher und psychischer Kräfte hat bekanntlich mehr mit der früheren Lebensführung, mit genetischen Anlagen und persönlichem Karma zu tun als mit dem biologischen

Alter. Deshalb enthält dieser Planetenkalender keine Angaben zu diesem Thema.

Mit 84 Jahren schließt sich auch der Umlaufkreis des ersten überpersönlichen Planeten, des Uranus. Seine Umlaufzeit beträgt 84 Jahre; diese Zahl läßt sich durch den archetypischen Siebener-Rhythmus teilen: 12 mal 7.

Danach würde es vom 85. bis zum 91. Lebensjahr mit einer neuen Marsphase weitergehen, dann käme eine neue Jupiterphase und schließlich eine neue Saturnphase. Mangels astrologischer Erfahrungen mit genügend Menschen dieser Altersstufen ist mir eine echte praxisorientierte Deutung aber leider nicht möglich.

Die Planetenfolge im Horoskop

Für die beiden nächsten Themen – Planetenfolge und Horoskopuhr – benötigen Sie ein Horoskop und sollten sich beim Lesen des Horoskops schon etwas auskennen. Sie können diese beiden Abschnitte aber auch einfach überspringen.

Ein interessantes Hilfsmittel, um die zeitliche Reihenfolge karmischer Herausforderungen, selbstgesetzter Ursachen und daraus entstehender Verhaltensmuster besser zu verstehen, stellt die Abfolge der Planeten dar, wie wir sie im Horoskopkreis vorfinden.

Wir folgen den Tierkreiszeichen im Horoskop, bewegen uns also gegen den Uhrzeigersinn, und prüfen, welche Planetenkraft sich zuerst im Leben bemerkbar macht, welcher Planet die nächste Energie symbolisiert und so fort.

Dazu können wir beim Aszendenten beginnen und von dort vom 1. bis zum 12. Haus gehen, oder wir fangen dort an, wo unsere Sonne steht, und bewegen uns ebenfalls gegen den Uhrzeigersinn.

Ein Beispiel:

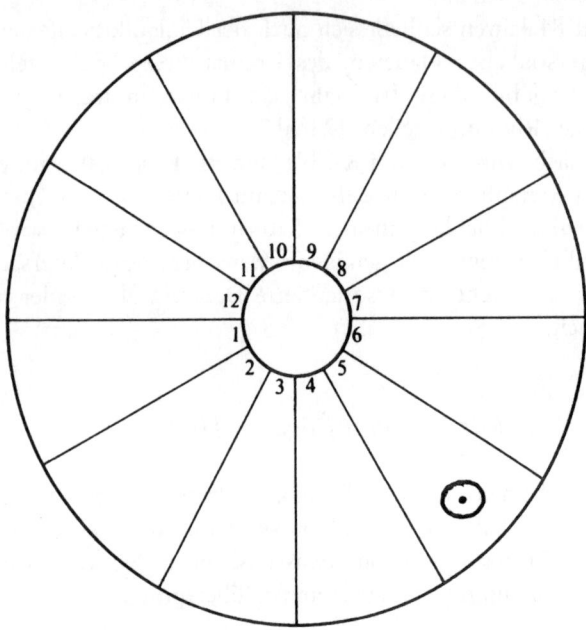

Abb. 6: Der Horoskopkreis mit den zwölf Häusern und der Sonne im 5. Haus.

Nehmen wir an, die Planetenfolge im Horoskop wäre so: Saturn im 2. Haus, Jupiter im 3., Mars im 5., Mond im 7., Neptun, Merkur und Venus im 8., Sonne im 9., Uranus im 10. und Pluto im 12. Haus. Eine erste Deutung der Reihenfolge der Planeten in Stichworten könnte folgendermaßen lauten:

- *Saturn im 2. Haus:* Vor allem in der ersten Lebenshälfte muß der Horoskopinhaber sowohl um materielle Erfolge wie um eine feste Wertgrundlage hart ringen. Was frühen Schicksalsschlägen standhält, wird sich im Alter als festes Fundament erweisen.

88

- *Jupiter im 3. Haus:* Nach den Herausforderungen und Prüfungen gemäß dem Saturn zeigt Jupiter die Entfaltung der Persönlichkeit im Austausch mit anderen und eine Gabe zur Kommunikation an. Das Glück wird im Alltag in der näheren Umwelt erlebt.

- *Mars im 5. Haus:* Beglückende Erfahrungen im Familien- und Freundeskreis vermitteln Freude und Kraft, sich sehr energisch der Entwicklung der eigenen Kreativität zu widmen und aktiv schöpferisch zu wirken – zum Beispiel künstlerisch.

- *Mond im 7. Haus:* Sehnsucht nach einem Partner/einer Partnerin, der/die weibliche, gemüthafte und vielleicht auch mütterliche Qualitäten in die Beziehung einbringt. Unter Umständen zieht man auch eine/n launischen Partner/in an. Auf jeden Fall entsteht nach Zeiten des starken marsischen Schöpferdrangs immer wieder das Bedürfnis nach »weicheren« Lebenserfahrungen.

- *Neptun, Merkur und Venus im 8. Haus:* Die Begegnung mit einem/r mond-geprägten Partner/in führt zu Krisen und zu »kleinen Toden«, wenn Hoffnungen und Illusionen (Neptun) enttäuscht werden, wenn finanzielle Verpflichtungen erwachsen (Merkur) oder die harmonische Liebe (Venus) einschläft.

- *Sonne im 9. Haus:* Das Licht der Sonne strahlt in diesem Horoskop im Haus der Grenzüberschreitungen, auch des fernen Auslands, der Beschäftigung mit spirituellen Gesetzen. Aus einer solchen Zuwendung können auch die zuvor als möglich erwähnten Krisen überwunden werden.

- *Uranus im 10. Haus:* Eben dieses Hinausblicken über den Tellerand – sowohl geistig wie räumlich – führt zu überraschenden Entwicklungen und Ereignissen im Beruf und bei gesellschaftlichen Erfolgen. Mit laufenden Veränderungen und Wechselfällen, mit Aufregungen und plötzlichen Wendungen ist in diesen Bereichen zu rechnen.

- *Pluto im 12. Haus:* Das Gegengewicht zur starken Beanspruchung im äußeren Bereich (siehe Sonnenposition) bildet der Pluto im Haus der Selbstfindung und religiösen Transformation. Um zur eigenen Mitte zurückzufinden, ist es notwendig, in geistig-seelische Tiefen zu tauchen.

Das wiederum ist ein wichtiger Faktor dafür, daß der Umgang mit Werten (Saturn im 2. Haus, siehe weiter oben) anfangs nie ganz leicht fällt, weil die Seele vom Ernst des Lebens und der Notwendigkeit, nach wahren Werten zu suchen, geprägt wird. Damit schließt sich der Kreis wieder.

Der/die Horoskopinhaber/in wird also wellenförmige Abläufe in bezug auf Ereignisse, Situationen und Abläufe des Lebens bemerken, in denen die oben skizzierten Themen und wechselseitigen Zusammenhänge immer wieder eine Rolle spielen. Daraus läßt sich lernen.

Sie sehen, daß wir bereits zu sinnvollen und hilfreichen Aussagen gelangen können, obwohl eine Deutung der Planeten in den Zeichen und ihre Wirkung aufeinander gemäß ihren Aspekten noch gar nicht erfolgt ist. Das ist das Faszinierende an der Astrologie: Sie bietet aufschlußreiche Einblicke, auch wenn man sich (noch) nicht so sehr mit der Fülle verschiedener Faktoren auskennt oder keine genauen Gradzahlen zur Hand hat.

Die Horoskopuhr

Mein Saturn am Aszendenten entspricht unter anderem einer Vorliebe für Themen, die mit dem Phänomen Zeit zu tun haben. Deshalb möchte ich an dieser Stelle auf ein sehr einfaches System der Zeitbestimmung im Horoskop aufmerksam machen, das sich häufig gut bewährt.

Der Umlauf des ersten transsaturnischen Planeten, des Uranus, um die Sonne beträgt rund 84 Jahre. Diese Zahl läßt sich auch als 12 x 7 schreiben. Durchschnittlich sieben Jahre verweilt der Uranus also in einem Zeichenabschnitt. Die Hälfte des Uranusumlaufs sind 42 Jahre. Das entspricht dem Alter, in dem man oft die Krise in der Mitte des Lebens erlebt. In der Zahl sieben stecken noch manche weitere interessante Hinweise: 360 Grad geteilt durch 7 ergibt den Septilaspekt mit circa 51 Grad und 25 Minuten. Die Sieben ist unter den einstelligen Zahlen also die einzige, die bei der Teilung des 360 Grad-Horoskopkreises nicht zu einer ganzen Gradzahl führt. (360 geteilt durch1, 2, 3, 4, 5, 6, 8, 9 und 10 ergibt immer gerade Zahlen.)

Im Zusammenhang mit der Horoskopuhr interessiert uns eine Zeitmessung, bei der wir den Aszendenten als Uhrzeiger verwenden. Wir schieben ihn – ohne das übrige Horoskop zu verändern – gegen den Uhrzeigersinn vorwärts, und zwar in einem Siebener-Rhythmus, der aus dem Uranuszyklus stammt.

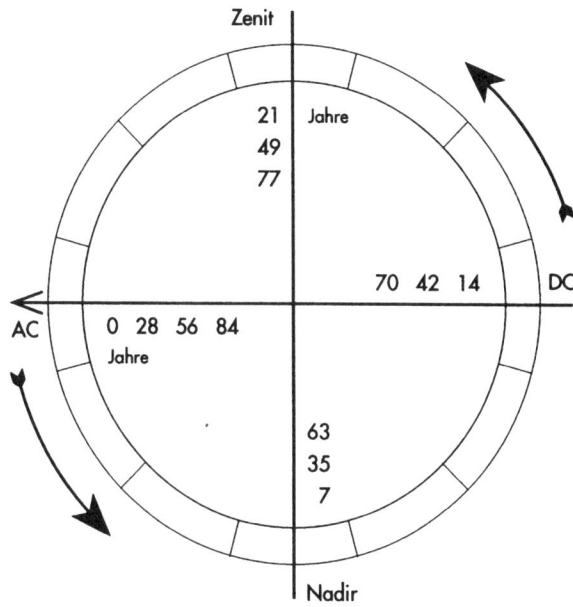

Abb. 7: Der Horoskopkreis als »Horoskopuhr« oder Aszendentenuhr. Der Aszendent bezeichnet den genauen Zeitpunkt der Geburt. Wenn wir diesen Punkt symbolisch durch den Horoskopkreis »vorschieben«, zeigt er oft wichtige Dinge an wie eine aufschlußreiche Lebensuhr.

Der Tierkreisgrad des Aszendenten bezeichnet den Zeitpunkt unserer Geburt. Sieben Jahre später fällt der vorgeschobene Aszendent auf die Spitze des 4. Hauses (bei äqualen, gleichgroßen Häusern) und zeigt damit den Beginn der Individualisierung aus dem Reich der Familie und des Unbewußten an.

Beim nächsten Schritt weist der Aszendenten-Uhrzeiger auf das persönliche Du-Erleben mit 14 Jahren hin. Nach 21 Jahren steht unser Uhrzeiger an seinem höchsten Platz im Horoskop, an der Spitze des 10. Hauses, und zeigt damit die ersten Bewährungen in der Außenwelt, im sozialen Umfeld und im Beruf an.

Mit 28 Jahren gelangt der Zeiger an seine ursprüngliche Stelle und signalisiert uns dort eine »zweite Geburt« – nach der physischen Geburt nun die psychische Geburt mit 28. Damit ist der erste von drei archetypischen Umläufen des Aszendenten durch die Horoskopuhr abgeschlossen. Dieser erste Umlauf dient der Entfaltung und Erprobung vor allem der körperlichen Kräfte des Individuums und seiner Möglichkeiten.

Im zweiten Zyklus folgt nun die Entwicklung und Behauptung des psychisch bewußten Individuums in einem größer gewordenen und damit auch komplexeren, schwieriger zu durchschauenden und nicht immer nur freundlich gesonnenen Lebenskreis.

Mit 35 Jahren steht der Aszendentenzeiger erneut am tiefsten Ort im Horoskop, an der Spitze des 4. Hauses. Er weist hier auf die Notwendigkeit hin, materiellen und psychischen Halt zu gewinnen, stärkere Wurzeln zu bilden und die Untiefen der eigenen Psyche zu ergründen. Dazu gehört auch, Verantwortung für eine eigene Familie zu tragen (oder sie innerlich abzulehnen) und möglicherweise bereits jetzt bewußt für das Alter vorzusorgen.

Nach 42 Jahren gelangt der vorgeschobene Aszendent zum Du-Punkt am Deszendenten, zeigt also die vorhin schon erwähnte Krise in der Mitte des Lebens an. Der halbe Uranusumlauf – der Uranus steht im Horoskop nach ungefähr 42 Jahren in Opposition zum Uranus in unserem Geburtshoroskop – entspricht dieser Zeitspanne und deutet ebenfalls auf plötzliche Krisen, Begegnungen und Trennungen hin, auf ein Aufkommen oft unklarer Freiheitswünsche und einen Ausbruch aus den gewohnten Verhaltensweisen und Lebensmustern.

Mit 49 Jahren zeigt der Uhrzeiger zum zweiten Mal auf die Spitze des 10. Hauses. Während beim ersten Umlauf an dieser Stelle das erste Hineinschnuppern in die berufliche-soziale Verwirklichung in der Außenwelt stand, das von Neugier bestimmt war oder als Notwendigkeit zum Überleben erfahren wurde, kann man beim zweiten Umlauf von einem Streben nach Festigung von Erfolgen oder vom Bemühen um einen Durchbruch nach langem Kampf ausgehen.

Mit 56 Jahren zeigt der Aszendenten-Uhrzeiger erneut auf seinen Startpunkt. Der Zyklus der Verwirklichung emotionaler und mentaler Ziele ist in diesem Modell archetypisch (nicht individuell!) zu einem ersten Abschluß gekommen. Nun erfolgt eine »dritte Geburt«, die spirituelle Geburt, das immer bewußtere Vordringen des Geistes in Reiche des Bewußtseins. Jetzt geht es um die Entwicklung der Seele, die als eigenständige Kraft zwar durch Gedanken, Gefühle und Sinne wirkt, aber nicht damit gleichzusetzen ist. Jetzt geht es um die Frage: WER BIN ICH WIRKLICH?

Mit 63 Jahren – das entspricht dem heute üblichen Pensionsalter (es sei denn, man ist selbständig!) – steht der Uhrzeiger unserer Horoskopuhr zum dritten und vielleicht letzten Mal an dem Punkt, an dem es um Besinnung auf die Innenwelten geht, um die Verbindung mit unsichtbaren Kräften des Lebens, an dem »Familie« vielleicht eine ganz neue Bedeutung erlangt, zum Beispiel als Familie von Seelen unter der Elternschaft einer großen Schöpferkraft.

Mit 70 Jahren weist der Uhrzeiger wieder auf den Deszendenten; das Du wird nun (hoffentlich) von einem weisen und milden Standpunkt der Lebenserfahrung weder idealisiert noch dämonisiert, sondern in seiner Eigenart akzeptiert. Man versteht es – bei entsprechender Bewußtseinsentfaltung – vor allem dem jüngeren Du Führung zu geben, ohne es zu verführen oder zu dominieren. Man erkennt das Du als einen Spiegel und blickt voller Verständnis und Güte hinein.

Mit 77 Jahren zeigt der vorgeschobene Aszendent die Chance an, spirituell zu schätzen, was beruflich geleistet wurde. Man zieht eine innere Bilanz und wird nun prüfen, ordnen und bewerten, was über Umstände und Ich-Wünsche, über Karrieredenken und Suche nach Anerkennung hinaus Bestand hat. Es geht um Werte, die über den Tag und über das Ego hinausgehen. Was hat der Seele und ihrer Entwicklung wirklich gedient? Welche Leistungen haben Bestand?

Mit 84 Jahren kommt der dritte Umlauf zu seinem Abschluß. Der Aszendentenzeiger gelangt erneut zu seinem Ursprungsort. Mit der Vollendung des dritten Zyklus ginge archetypisch gesehen die »Erleuchtung« einher als Geburt in kosmische, göttliche Dimensionen. Der Zyklus des Lebens als Seelenschule ist beendet.

Falls Sie prüfen wollen, inwieweit diese Horoskopuhr und der vorgeschobene Aszendent als Uhrzeiger Ihnen Aufschlüsse über Ihr Leben geben können, ist es nützlich, die Einzelschritte zu kennen. Deshalb nachstehend einige Zahlen. Sie werden vermutlich so wie viele Teilnehmer in meinen Seminaren feststellen, daß verblüffend genaue Zeitangaben zu seelischen Vorgängen und zu Ereignissen möglich sind, wenn der vorgeschobene Aszendent an dem Ort im Tierkreis steht, an dem sich dieser oder jener Planet in Ihrem Geburtshoroskop befindet.

In einem Jahr wandert der Zeiger des Aszendenten in dieser Horoskopuhr knapp 13 Grad weiter. In einem Monat bewegt er sich um etwas mehr als 1 Grad vorwärts. In 2 Jahren und 4 Monaten durchläuft der Zeiger also 30 Grad, das ist der Raum im 360 Grad-Kreis, den ein Tierkreiszeichen und auch ein Haus jeweils ausmachen.

Alle sieben Jahre weist der Zeiger auf einen der vier »Eckpunkte« des Horoskops – auf Aszendent (= 1. Haus, Himmelstiefe), 4. Haus, Deszendent (= 7. Haus), oder Himmelshöhe (= 10. Haus).

8. *Fische-Sonne und Löwe-Mond*

Wie paßt das Sternenpuzzle eigentlich zusammen? Deutungen zu allen Sonne-Mond-Konstellationen in allen Zeichen

Ihr Sonnenzeichen werden Sie sicher kennen (sonst können Sie es im Anhang ermitteln, → S. 135). Ihr Mondzeichen können Sie mit Hilfe einer Formel im Anhang ebenfalls rasch selbst ausrechnen (→ S. 142).

Sonne in Widder

Sonne in Widder, Mond in Widder

Bewußte Wahrnehmung, rasches Auffassungsvermögen, gute Denkfähigkeit und der Drang, immer vorn dran zu sein. Viel Energie und gute Vitalität, vor allem, wenn die Sonne Anfang bis Mitte Widder und der Mond Mitte bis Ende Widder steht beziehungsweise wenn es sich nicht um eine exakte Neumondkonstellation handelt.

Sonne in Widder, Mond in Stier

Praktisch orientiertes Wesen, mit angemessenem Raum für Ideale. Wille und Energie, Neues zu schaffen, und Beständigkeit und Umsetzungskraft, das auch auszuführen.

Sonne in Widder, Mond in Zwillinge

Starke mentale Interessen und Tätigkeiten sowie gute manuelle Fertigkeiten. Vorliebe für Abwechslung, aber auch Tendenz zur Ruhelosigkeit, Überanstrengung und Mangel an Zielstrebigkeit und Beharrungsvermögen.

Sonne in Widder, Mond in Krebs

Eine Seite neigt zu unternehmungslustigem, aktivem Selbstausdruck, die andere zieht eine empfindsame und auf das Häusliche ausgerichtete Lebenshaltung vor. Ehrgeiz und Streben nach Anerkennung und der Wille, etwas sichtbar hervorzubringen, verbinden sich mit Vorstellungskraft und Einfühlungsvermögen.

Sonne in Widder, Mond in Löwe

Warmherziges Wesen, bemerkenswerte Intuition, eine gute gegenseitige Förderung von Gehirn und Herz, klares Denken und religiöse Neigungen. Gute Vitalität und markante Persönlichkeit. Enttäuschungen, vor allem in Herzensangelegenheiten, werden nur schwer verdaut.

Sonne in Widder, Mond in Jungfrau

Die kritischen, analytischen Seiten sind gut entwickelt, sichere Unterscheidungskraft kommt dazu. Oft sind die Gaben sehr groß und werden lediglich durch die Lebensumstände begrenzt. Eine karmische Aufgabe mag darin zu sehen sein, daß man lernen muß, innerhalb von bestimmten Grenzen den bestmöglichen schöpferischen Selbstausdruck zu finden.

Sonne in Widder, Mond in Waage

In dieser Vollmondstellung geht es um ein Gleichgewicht zwischen männlich vorwärtsdrängenden Kräften und weiblich verbindenden Energien. Kunst und Ästhetik, Partnerschaft und Gesellschaft bieten das Parkett, auf dem sich dieses Gleichgewicht bewähren muß.

Sonne in Widder, Mond in Skorpion

Physische Kraft und emotionale Leidenschaft führen oft zu Erregungszuständen. Die Einsatzbereitschaft ist groß, aber manchmal auch revolutionär gestimmt oder dogmatisch gepolt. Mediale Fähigkeiten sollten nur mit allergrößter Vorsicht angewandt werden, um sich der Versuchung zum Mißbrauch gar nicht erst auszusetzen.

Sonne in Widder, Mond in Schütze

Ein optimistisch-sympathisches Wesen, das sich leicht inspirieren läßt und auch andere zu begeistern versteht. Direktheit, Großzügigkeit und Humanismus einerseits, Hastigkeit und ungeprüfter Enthusiasmus andererseits. Mehr Energie als Durchhaltekraft.

Sonne in Widder, Mond in Steinbock

Ehrgeiz, etwas zu leisten und etwas zu gelten. Natürliche Fähigkeit, auf vielerlei Wegen und mit unterschiedlichen Mitteln populär zu werden und zu bleiben. Das Gemüt spürt sozusagen im Schlaf, was andere Menschen bewegt. Das Selbstwertgefühl muß auf eine stabile innere, spirituelle Basis gestellt werden.

Sonne in Widder, Mond in Wassermann

Ein origineller und auch eigenwilliger Geist mit einer grundlegend positiven Lebenseinstellung. Vorstellungskraft, Intuition sowie das Bedürfnis nach Unabhängigkeit sind ausgeprägt. Eine gute Stellung für Angelegenheiten rund um Gemeinschaften, öffentliche Stellen und Behörden sowie Freunde und Bekannte.

Sonne in Widder, Mond in Fische

Anlage zur mitmenschlichen Güte, Neigung zur Beschäftigung mit den wesentlichen Themen des Lebens – religiösen, humanistischen, esoterischen und spirituellen. Eine Lebensaufgabe besteht darin, die individuell richtige Balance zwischen Außen und Innen, Impulsivität und Einfühlung zu finden.

 Sonne in Stier

Sonne in Stier, Mond in Widder

Eine impulsive, dabei gleichzeitig beharrliche Persönlichkeit, die sich durchzusetzen weiß. Diese Menschen verfügen über große Kraftreserven und erwarten von sich sowie von anderen viel. Konstruktiv und verantwortungsbewußt, dabei unabhängig und manchmal recht eigenwillig. Ziemlich erfolgreich, vor allem dann, wenn es auf die Willenskraft ankommt.

Sonne in Stier, Mond in Stier

Ausgeglichene, freundliche Menschen mit guten Anlagen für Musik und Kunst. Sie besitzen eine gute Selbstbeherrschung und sind von einem einmal eingeschlagenen Weg nur schwer abzubringen. Oft reserviert, jedoch selbstbewußt. Sie können ohne allzu große Anstrengungen außerordentlichen materiellen Erfolg erlangen. Ein Hindernis für sie kann Langsamkeit und Sturheit sein.

Sonne in Stier, Mond in Zwillinge

Gut entwickeltes Selbstwertgefühl, beweglicher Ausdruck in Sprache und Schrift, Vorliebe für schöne, ästhetische Dinge und Situationen. In Gefühlsangelegenheiten tendieren diese Menschen leicht zur Oberflächlichkeit oder zur Ruhelosigkeit.

Sonne in Stier, Mond in Krebs

Das Gefühlsleben wird für diese Menschen manche (nicht selten unnötige) Aufregungen bringen. Sie leben stark aus ihrer Vorstellungskraft heraus, die eben manchmal auch in die Irre führt. Sie neigen dazu, sich materielle und emotionale Sicherheiten zu schaffen, und machen sich dennoch Sorgen um die Zukunft.

Sonne in Stier, Mond in Löwe

Mit ihren Meinungen und Urteilen halten diese Menschen nicht zurück. Sie setzen sich selbst in Szene und agieren vom Fundament eines starken Selbstbewußtseins aus. Diese Menschen sind meist sehr beliebt und werden zugleich beneidet. Vorsicht vor Exzessen, sei es beim Essen und Trinken oder bei Spekulationen.

Sonne in Stier, Mond in Jungfrau

Genauigkeit und Geschäftssinn sowie ein kritisches Bewußtsein zeichnen diese Menschen aus. Sie arbeiten am besten nach einem Plan. Sie sind gewissenhaft, anpassungsfähig und zielorientiert.

Sonne in Stier, Mond in Waage

Sie verstehen es, sich an den schönen Seiten des Lebens zu erfreuen. Sie können Wohlbefinden und Komfort, Luxus und Liebe so richtig genießen. Übersehen Sie dabei nicht die bleibenden Werte im Leben.

Sonne in Stier, Mond in Skorpion

Starke Emotionen, leidenschaftliche Situationen und dramatische Ereignisse bewegen Ihr Gefühlsleben, und doch sehnt sich etwas tief in Ihnen nach Ruhe, Behaglichkeit und der Sicherheit, die Sitte und Tradition vermitteln können.

Sonne in Stier, Mond in Schütze

Sie lassen sich nichts von anderen Menschen vorschreiben oder einfach einreden, sondern bemühen sich um unabhängige Wertmaßstäbe und Urteile. Dabei neigen Sie manchmal zur Impulsivität. Sie sind großzügig und streben nach höheren Idealen.

Sonne in Stier, Mond in Steinbock

Sie sind praktisch veranlagt, Ihre Ziele und Pläne sind realistisch angelegt, und Sie haben die Kraft, sie zu verwirklichen. Sie können sowohl große Vermögenswerte erwerben als auch hohe öffentliche Anerkennung durch eine besondere Tätigkeit erlangen.

Sonne in Stier, Mond in Wassermann

Ehrlichkeit im Umgang mit anderen Menschen, intellektuelle Redlichkeit gegenüber sich selbst, unabhängige Meinungsbildung in bezug auf humanitäre und spirituelle Ideen zeichnen Sie aus. Sie können gut in gemeinnützigen Unternehmungen arbeiten oder etwas für die Fortentwicklung der Menschheit erfinden oder bewegen.

Sonne in Stier, Mond in Fische

Gesellschaftlich werden Sie mehr Anerkennung finden als im Bemühen um beruflichen Erfolg. Sie sind gastfreundlich, anpassungsbereit und zeigen sich meist von der freundlichsten Seite. Das verführt weniger wohlmeinende Menschen bisweilen dazu, Sie auszunutzen. Ihre Gegenwart wird allseits als Gewinn betrachtet.

Sonne in Zwillinge

Sonne in Zwillinge, Mond in Widder

Ehrgeiz und Mut, starker Eigenwille und eine bisweilen mangelhafte Gefühlsbeherrschung sind Merkmale dieser Menschen. Sie sind mental rege, experimentierfreudig und leben stark in ihrer Gedankenwelt. Sorgfalt und Ruhe sowie Sympathie und Gefühl kommen leicht zu kurz.

Sonne in Zwillinge, Mond in Stier

Sie sind sensibel und intuitiv, kommunikativ und energisch. Sie können gut planen und organisieren und bleiben gefühlsmäßig bei einer Sache, bis sie geschafft oder erledigt ist. Diese Menschen erfreuen sich allgemeiner Beliebtheit.

Sonne in Zwillinge, Mond in Zwillinge

Sie neigen dazu, das Leben vorwiegend intellektuell zu betrachten und zu bewerten. Sie fühlen sich unabhängig in Ihrem Denken und verstehen es, sich auszudrücken, ohne ein Blatt vor den Mund zu nehmen. Jedoch ist eine Neigung zur Rastlosigkeit nicht zu übersehen.

Sonne in Zwillinge, Mond in Krebs

Sie möchten am liebsten gleichzeitig viel erleben und sich im Gefühlsleben irgendwo sicher zu Hause wissen. Sie kümmern sich gern um das Wohlergehen anderer Menschen, machen sich dabei aber oft zu viele Sorgen. Sie verfügen über ein gutes Gedächtnis, Intuition und Sensibilität.

Sonne in Zwillinge, Mond in Löwe

Sie schenken Ihre Zuneigung gern und häufig und nicht immer mit Bedacht. Ihr sonniges Gemüt läßt sich leicht inspirieren, Ihre Auffassungsgabe ist gut, Sie stellen sich gern dar und fühlen intensiv. Sie stellen sich manches lieber vor, als sich der Mühe zu unterziehen, es auch geduldig auszuführen.

Sonne in Zwillinge, Mond in Jungfrau

Interesse an Gesundheitsfragen, Bereitschaft, der Menschheit oder einzelnen zu dienen, Offenheit für Wissensgebiete, die dem wissenschaftlichen Fortschritt oder der humanitären Entwicklung dienen. Neigung zu Mißtrauen und Melancholie. Im Urteil frei, unabhängig, objektiv.

Sonne in Zwillinge, Mond in Waage

Anpassungsfähigkeit, die Gabe vorauszudenken, künstlerische Talente und Harmoniestreben sind typische Merkmale dieser Sonne-Mond-Kombination. Diese Menschen sind beliebt, weil sie fröhlich, sozial und wenig anstrengend sind.

Sonne in Zwillinge, Mond in Skorpion

Kritische Menschen, die im Überschwang ihrer Überzeugungen auch solche Strukturen einzureißen bereit sind, die sie aus eigener Kraft nicht wieder neu aufbauen könnten. Praktischer Geschäftssinn und Organisationstalent. Vorsicht vor Sarkasmus.

Sonne in Zwillinge, Mond in Schütze

Eine Kombination sehr aktiver, ruhelos vorwärtsdrängender Energien. Man reist viel und gern, man sucht, geographische und geistige Grenzen zu überschreiten und neue Ideale ausfindig zu machen. Begeisterung ist die eine, Aufregung die andere Seite dieses Lebens. Reformerische und religiös-philosophische Interessen sowie akzentuiertes Freiheitsbedürfnis.

Sonne in Zwillinge, Mond in Steinbock

Gute mentale Fähigkeiten verbinden sich mit Zuverlässigkeit und Beständigkeit. Allerdings besteht hier eine Spannung zwischen einem schnell zur Aktion oder Kommunikation bereiten Verstand und eher bedächtig agierenden Gefühlen. Gute Grundlage für finanzielle Erfolge.

Sonne in Zwillinge, Mond in Wassermann

Lebhafte intellektuelle, emotionale und physische Aktivität, offenes Gemüt, das Anregungen von anderen Menschen oder aus den Dimensionen der Intuition gern annimmt. Sie schließen rasch Bekanntschaft mit neuen Personen, bewahren aber Ihre Unabhängigkeit. Neigung zu Metaphysik und Esoterik.

Sonne in Zwillinge, Mond in Fische

Sehnsucht nach innerem Wissen, das oft auch medial erfaßt werden kann. Heilerische Gaben. Oft ausgefallene Interessen. Diese Menschen haben Mühe, sich angenommen und aufgehoben zu fühlen. Sie müssen die Verbindung mit der Seele immer wieder im Alltag erfahren, um ihr Urvertrauen zu stärken.

Sonne in Krebs

Sonne in Krebs, Mond in Widder

Eigentlich gefällt es Ihnen am besten dort, wo Sie sich zu Hause fühlen: in Ihrer Familie, in vertrauter Umgebung, im angestammten Beruf, in Ihrem Heimatland. Aber immerzu bohrt etwas in Ihnen und lockt oder treibt Sie dazu, hinauszugehen, Pionier zu spielen, Neues auszuprobieren. Sie wollen an vorderster Front stehen und dafür anerkannt werden, jedoch dabei auch nicht allzuviel riskieren.

Sonne in Krebs, Mond in Stier

Sie sind sensibel und offen für höhere Dimensionen, vermutlich sogar medial veranlagt. Sie verfügen über viel Energie, die Sie aktiv, praktisch und gezielt einsetzen können. Sie tendieren dazu, aus Bequemlichkeit oder Sicherheitsbedürfnissen heraus, sich eine Routine im Alltag zu schaffen, von der Sie nicht leicht abweichen.

Sonne in Krebs, Mond in Zwillinge

Interesse an neuem Wissen und an Bildung und Kultur allgemein. Reisefreudig, wenig geduldig und manchmal launenhaft.

Sie haben Erfolg im Zusammenhang mit Familie und Verwandten. Künstlerische Gaben.

Sonne in Krebs, Mond in Krebs

Ausgeprägte Vorstellungskraft bis hin zur Träumerei. Hang zu Sentimentalität und allzu großer Beeinflußbarkeit. Starke, positive Einflüsse der Eltern in jüngeren Jahren; oft Erbe. Sinn für den Erwerb von Besitz, vor allem Immobilien.

Sonne in Krebs, Mond in Löwe

Sehnsucht nach starken Gefühlen, Neigung zu als dramatisch erlebten Leidenschaften, oft ein ruheloses Herz, dabei fähig, viel Liebe zu schenken und zu fordern. Gute Vitalität und allgemein erfolgreich.

Sonne in Krebs, Mond in Jungfrau

Das sind empfindsame und zurückhaltende Menschen, die auch passiv wirken können. In Gefühlsangelegenheiten sind sie nüchtern oder schüchtern. Angenehm im Umgang und anpassungsbereit, daher gern gesehene Mitarbeiter in Arbeitsformen, wo viele Menschen wirken.

Sonne in Krebs, Mond in Waage

Wacher Geist und sensibles Gemüt, dem Schönen zugewandt. Diese Kombination von Sonne und Mond weist auf die Wertschätzung von Idealen hin, auf Ausgeglichenheit und die Bemühung um eine harmonische Lebensführung. Orts- und Berufswechsel.

Sonne in Krebs, Mond in Skorpion

Attraktive Persönlichkeit mit magnetischer Ausstrahlung auf das andere Geschlecht. Sehr einfühlsam, aber manipuliert auch gern. Hang zum Übersinnlichen und zur Magie. Die eher gefühlvoll schwankende Krebssonne wird durch den Skorpionmond gefestigt. Der Mensch verfolgt konkrete Ziele und Absichten, wenn auch oft auf verborgenen oder verschlungenen Wegen.

Sonne in Krebs, Mond in Schütze

Die emotionale und religiöse Seite des Horoskopinhabers wird gestärkt, der gleichzeitig vorhandene Wunsch nach Ruhe kommt leicht zu kurz. Diese Menschen suchen nach dem anscheinend Unerreichbaren. Sie erledigen Dinge schnell, reisen gern und sprechen mit Vorliebe über weit entfernte Horizonte.

Sonne in Krebs, Mond in Steinbock

Sie sammeln gern Wertgegenstände, die Sie auch nutzen können, und widmen sich mit Vorliebe konkreten, realen Beschäftigungen. Familie und Tradition spielen – gewollt oder ungewollt – eine große Rolle für den eigenen Lebensstil. Ehrgeiz und Durchsetzungskraft überwinden die vielen kleineren und größeren Hindernisse.

Sonne in Krebs, Mond in Wassermann

Diese Menschen eignen sich besonders für eine Tätigkeit in größeren Gruppen und Zusammenschlüssen, in denen es darauf ankommt, viele unterschiedliche Interessen sinnvoll und harmonisch zusammenzuführen. Sie sind ruhig und bedacht, intuitiv (ohne anderen das zu offenbaren) und offen für überpersönliche Aspekte des Lebens.

Sonne in Krebs, Mond in Fische

Das Gemüt ist sehr empfänglich für Impulse, Eindrücke und Einflüsse, die Phantasie ist lebendig. Diese Menschen sind voller Mitgefühl, sie sollten sich davor hüten, ausgenutzt zu werden. Sie fühlen sich wohler im vertrauen Kreise als in der Öffentlichkeit. Mediale Fähigkeiten, spirituelle Interessen.

Sonne in Löwe

Sonne in Löwe, Mond in Widder

Zwei feurige Energien treffen aufeinander: Da heißt es aufpassen, daß Sie nicht immer wieder zwar voller Begeisterung, aber übereilt handeln und darunter hinterher selbst am meisten zu leiden haben. Mit dem Kopf durch die Wand erreichen Sie weniger, als wenn Sie sich zügeln und Ihre Wünsche und Kräfte überlegt einsetzen.

Sonne in Löwe, Mond in Stier

Sie sind sehr überzeugt von Ihren Ansichten und wenden Ihren Blick auf die praktischen Seiten des Lebens. Sie verfügen über eine gute Intuition, die Sie auch beruflich nutzen können. Ihre Konstitution ist stark. Handfesten Genüssen des Lebens gehen Sie nicht aus dem Weg. Sie versprühen Charme und haben vielleicht sogar Charisma.

Sonne in Löwe, Mond in Zwillinge

Reichlich Energie paart sich mit Tatendrang, so daß oft Beschränkung nottut. Sie sind begabt und geistig beweglich, begeisterungsfähig und liebenswürdig. Manche Ihrer Anlagen, in der

Musik, im Schauspiel, in der Dichtung oder geistige Interessen können Sie zu außerordentlicher Meisterschaft entwickeln.

Sonne in Löwe, Mond in Krebs

Sie lieben tief und leidenschaftlich und leiden womöglich unter Ihren eigenen Gefühlen. Kopf und Herz gehen jedoch Hand in Hand. Sie verbinden Verstand und Gefühle auf eine integre Weise miteinander. Auf ein schönes und repräsentatives Heim legen Sie viel Wert. Sie haben gute Anlagen, auch materielles Glück zu finden.

Sonne in Löwe, Mond in Löwe

Unabhängig, stolz, vielleicht sogar egozentrisch, aber gleichzeitig gutmütig, großzügig und warmherzig– das sind Attribute dieser Kombination. Sie sind vital und haben reichliche Kraftreserven; Sie setzen sich in größerem Maßstab ein und wirken auch gern in der Öffentlichkeit. Neumondkonstellation, daher eventuell Überschattung des Gefühls durch den Eigenwillen.

Sonne in Löwe, Mond in Jungfrau

Von sich selbst überzeugte, kritische Menschen, die nicht leicht zufriedenzustellen sind. Hohe Ideale, gute berufliche Eignungen, Gespür für finanzielle Vorteile. Interessiert an Fragen der Gesundheit, Wissenschaft, Literatur.

Sonne in Löwe, Mond in Waage

Ausgeprägtes Mitgefühl, humanitäre Bestrebungen und sozialer Einsatz. Bereitschaft und Fähigkeit, herzliche und harmonische Partnerschaften zu pflegen. Liebe zur Kunst in allen Formen. Hellsichtigkeit beziehungsweise Präkognition.

Sonne in Löwe, Mond in Skorpion

Sinnlichkeit, (Sex-)Appeal, intensiv gelebte Liebschaften. Was sich diese Menschen in den Kopf setzen, führen sie auch durch. Sie werden von anderen häufig als stolz oder gar arrogant beurteilt, sehen sich selbst jedoch eher als unabhängig an. Heilerische Fähigkeiten.

Sonne in Löwe, Mond in Schütze

Viel Lebenskraft, aktive Anteilnahme und enthusiastische Lebensfreude. Überzeugungen führen auch zu Extremen in Fragen der Religion und des Herzens. Sportliche, manchmal auch abenteuerliche Unternehmungen sowie soziale und spirituelle Ziele sprechen diese Menschen besonders an. Sie genießen die Natur und Reisen.

Sonne in Löwe, Mond in Steinbock

Nach außen hin wirken diese Menschen sehr materiell eingestellt, sie verfolgen Karrierepläne, finanzielle Ziele und gesellschaftliche Ambitionen hartnäckig und meist erfolgreich. Das Herz ist jedoch oft gar nicht dabei, sondern sehnt sich nach mehr Innerlichkeit. Sie sind gute Manager oder Politiker.

Sonne in Löwe, Mond in Wassermann

Das ist eine Vollmondkonstellation, damit können beide Lichter ihren vollen Glanz entfalten – oder sich gegenseitig in ihren Wirkungen behindern. Gutes Einfühlungsvermögen und rasches, sicheres Urteil. Willenskraft und Zielstrebigkeit; man verläßt sich vor allem auf sich selbst.

Sonne in Löwe, Mond in Fische

Verstand und Gefühl sind schwierig in Übereinstimmung zu bringen. Eine Lebensaufgabe für den Horoskopinhaber wird darin bestehen, die sensiblen Seiten des Gemüts – Phantasie, Vorstellungsgabe, Inspiration – mit den Kräften der Vernunft harmonisch zu verbinden. Aktive Großzügigkeit und Wohltätigkeit.

Sonne in Jungfrau

Sonne in Jungfrau, Mond in Widder

Vom Wesen her sind diese Menschen bedacht, umsichtig. Dennoch drängt es sie ab und an, ihren Gefühlen freien Lauf zu lassen, sich in neue, auch abenteuerliche Begegnungen und Situationen zu stürzen. Dann kommt es oft zu einer Ernüchterung oder Ent-Täuschung, wenn der Kopf die Oberhand zurückgewinnt.

Sonne in Jungfrau, Mond in Stier

Sie haben Sinn für materielle Werte und Sie verstehen es, Vorteile klug zu nutzen. Dabei verhalten Sie sich recht reserviert und versuchen, gelegentliche Gefühlsgelüste mit dem Verstand zu zügeln. Sie sind praktisch veranlagt und lassen sich kein X für ein U vormachen. Sie kommen mit Methode zum Erfolg.

Sonne in Jungfrau, Mond in Zwillinge

Auffassungsgabe und Intellekt sowie Kommunikationsfähigkeit in Sprache und Schrift sind gut entwickelt. Sie forschen gern und sind für alles Wissenswerte aufgeschlossen. Eine Lebensaufgabe besteht darin, zu lernen, sichere Entscheidungen zu treffen und sie auch konsequent umzusetzen.

Sonne in Jungfrau, Mond in Krebs

Sensibel, einsatzfreudig, arbeitswillig, konservativ. Aktive Anteilnahme an Familienangelegenheiten. Oft zu empfindlich oder besorgt. Sie haben keinen Anlaß, ängstlich zu sein und sich so häufig Sorgen zu machen, wenn Sie sich auf Ihre eigenen Fähigkeiten, Ihr Urteilsvermögen und auf lohnenswerte Pläne besinnen.

Sonne in Jungfrau, Mond in Löwe

Sie sind stolz auf Ihre Erfolge und Errungenschaften und streben nach mehr. In der Liebe sind Sie gefühlvoll, aber ebenfalls mit einem »guten Appetit« gesegnet. Diese Kombination von Sonne und Mond besänftigt die überkritische Tendenz der Jungfrau und stimuliert eine herzlich-teilnahmsvolle, mitunter auch mediale Seite im Menschen.

Sonne in Jungfrau, Mond in Jungfrau

Klarheit des Geistes, durch Ideale geprägte Gefühle und Mütterlichkeit im Sinne unsentimentaler Sorge für Ihnen anvertraute Menschen kennzeichnen diese Stellung von Sonne und Mond. Unabhängigkeit, Selbstvertrauen, Vorausschau sowie Genauigkeit im Detail sind gute Aspekte, scheinbare emotionale Unnahbarkeit und Überkorrektheit machen eher Schwierigkeiten.

Sonne in Jungfrau, Mond in Waage

Eine ruhige Zielstrebigkeit und Eigenständigkeit des Willens verbinden sich hier mit Hoffnungen, die man in Partnerschaften setzt. Man sucht nach Erfüllung der Gefühle und ist gleichzeitig oft gehemmt durch kluge Überlegungen, die man sich selbst verordnet hat. Lassen Sie los, erfreuen Sie sich mehr am Leben!

Sonne in Jungfrau, Mond in Skorpion

Hier brechen sich die Gefühle – anders als bei Mond in der Waage – schon ganz von selbst ihre Bahn gegen allzugroße Beschränkungen durch den Verstand. Sie verstehen es, im Alltagsleben nach den Prinzipien des praktischen Nutzens vorzugehen und sich doch eine Oase der Leidenschaftlichkeit zu bewahren.

Sonne in Jungfrau, Mond in Schütze

In Ihren Wünschen und Gefühlen bestehen Sie darauf, frei zu bleiben, und akzeptieren keine Beschränkungen. Sie fühlen nicht mit anderen, sondern denken gern für sie mit. Sie können oder wollen anderen gern etwas beibringen.

Sonne in Jungfrau, Mond in Steinbock

Überlegtheit im Berufs- und Geschäftsleben, klarer Blick für Vorteile, konkrete Werte, Aufstieg, Karriere; große finanzielle Erfolge sind möglich. Autorität, die in Behörden und Ämtern, in Wirtschaft und Politik genutzt werden kann und Anerkennung findet.

Sonne in Jungfrau, Mond in Wassermann

Eigenständiges Denken und Fühlen, gut entwickelte Unterscheidungsfähigkeit; diese Menschen sind originell, erfinderisch, offen für neue Ideen und Inspirationen und unkonventionell. Sie beschränken ihren Umgang auf eher wenige Menschen und öffnen ihr Herz gegenüber Fremden nicht so leicht.

Sonne in Jungfrau, Mond in Fische

Okkulte und spirituelle Interessen, mediale Empfänglichkeit und Neigung zur Meditation. Sie tendieren dazu, im Überschwang der Gefühle mehr zu versprechen, als Sie dann halten können. Sie lieben Abwechslung und Neuigkeiten, was Sie allerdings etwas unruhig werden läßt.

Sonne in Waage

Sonne in Waage, Mond in Widder

Das Bedürfnis nach Harmonie, vor allem in der Partnerschaft, das Verlangen nach Lebensgenuß und ästhetischer Umgebung wird von impulsiven Gefühlsreaktionen immer wieder durchkreuzt. Man zieht im privaten und beruflichen Bereich leicht Partner an, die sehr energisch und eigenwillig sind.

Sonne in Waage, Mond in Stier

Beide Tierkreiszeichen werden vom Planeten Venus regiert, deshalb können wir bei dieser Konstellation davon ausgehen, daß die realen und die verfeinerten Freuden des Lebens eine wichtige Rolle spielen. Man sucht und findet Genuß für Körper und Sinne, durch Liebe, Essen und Trinken sowie künstlerische Neigungen. Die Frage nach bleibenden Werten wird in der zweiten Lebenshälfte besonders wichtig.

Sonne in Waage, Mond in Zwillinge

Ein ästhetisch gesonnener, eher in sich ruhender Geist verbindet sich mit luftig-bewegten Gefühlen, welche die Abwechslung suchen. Wache Wahrnehmung, gute intellektuelle Gaben sowie kreativer Ausdruck. In der Partnerschaft gilt sprühender Charme mehr als Beständigkeit.

Sonne in Waage, Mond in Krebs

Sensitive Naturen, die bisweilen überempfindlich bis launisch sind. Gefühle spielen eine wichtige Rolle, vor allem im Rahmen einer harmonischen Familie. Neigung zu Musik und kreativen Ausdrucksformen, die harmonisch fließen.

Sonne in Waage, Mond in Löwe

Intensive Gefühle und eine idealistische Lebenseinstellung kennzeichnen diese Kombination von Sonne und Mond. Diese Menschen sind beliebt, weil sie selbst auf harmonische Weise liebevoll sind. Damit laufen sie einerseits manchmal Gefahr ausgenutzt zu werden, andererseits reagieren sie selbst auch gern eifersüchtig.

Sonne in Waage, Mond in Jungfrau

Sie sind sensibel und wach zugleich, Sie haben Ihre Sinne beieinander und sind an den praktischen Seiten des Lebens interessiert. In geschäftlichen Dingen verfügen Sie über eine gute Intuition. Manchmal mangelt es Ihnen an Willenskraft.

Sonne in Waage, Mond in Waage

Sie haben lebhafte Träume, vielleicht sogar die Kraft der Visionen. Humanitäre und karitative Anliegen finden Ihre Unterstützung. Viel hängt für Sie von privaten oder beruflichen Partnern ab, denen Sie jedoch mehr Einfluß auf Ihre Lebensführung und Erfüllung einräumen, als Ihnen selbst recht ist.

Sonne in Waage, Mond in Skorpion

Sie verstehen es, Ihren brennenden Ehrgeiz so gefällig und harmonisch zu verpacken, daß Sie damit nicht allzusehr anecken.

Nach außen scheinen Sie aktiv, positiv und auf konkrete Ergebnisse ausgerichtet; wenn man Sie näher kennenlernt, entdeckt man Ihre weicheren und auch mitunter unsicheren Seiten.

Sonne in Waage, Mond in Schütze

Diese Menschen sind höchst aktiv, immer auf Achse, anregend und selbst oft aufgeregt sowie zu allen möglichen Abenteuern und unbedachten oder sogar rücksichtslosen Unternehmungen aufgelegt. Fähigkeit zum öffentlichkeitswirksamen Ausdruck, zum Beispiel als Politiker oder Prediger.

Sonne in Waage, Mond in Steinbock

Ordnung und Methodik liegen diesen Menschen innerlich, manchmal auch äußerlich. Sie halten Gefühle und intuitive Einsichten eher zurück, als sie spontan zum Ausdruck zu bringen. Dadurch wirken sie manchmal kühl. Probleme mit den Eltern.

Sonne in Waage, Mond in Wassermann

Sie sind für leitende Funktionen in Gruppen, Vereinigungen oder Gesellschaften gut geeignet. Sie bringen ein ausgeglichenes Wesen mit, das Harmonie zu schaffen imstande ist und einen gleichermaßen weltoffenen wie toleranten Geist.

Sonne in Waage, Mond in Fische

Sie träumen lieber als sich den praktischen Seiten des Alltags zu widmen. Dennoch sind Sie arbeitsam und verfügen über eine ausreichende Portion Beharrlichkeit. Es ist günstiger für Sie, sich konkreten, irdischen Dingen zu widmen, als sich in esoterisch-okkulten Bereichen zu verlieren.

Sonne in Skorpion

Sonne in Skorpion, Mond in Widder

Begeisterungsfähigkeit und Einsatzfreude liegen dicht neben Sturheit und heftigen Gefühlsausbrüchen. Mut, Entschlußkraft und Charakterstärke sind Stärken, Ungeduld und Mangel an Demut Schwächen. Diese Menschen neigen leicht dazu, sich zu überarbeiten.

Sonne in Skorpion, Mond in Stier

Besonders in Partnerschaften gute geschäftliche beziehungsweise berufliche Erfolge. Eignung für medizinische Berufe, sowohl in der Diagnose wie in der Therapie. Diese Menschen neigen dazu, einmal akzeptierte Traditionen und Verhaltensmuster konservativ beizubehalten.

Sonne in Skorpion, Mond in Zwillinge

Diese Menschen sind lebhaft, vielseitig interessiert, gewitzt oder gar clever. Unter anderem eignen sie sich besonders als Rezensenten beziehungsweise Kritiker, denn sie verstehen es, sich pointiert auszudrücken, und haben schnell eine klare Meinung. Auch gute organisatorische Fähigkeiten und wissenschaftliche Talente.

Sonne in Skorpion, Mond in Krebs

Sie sind emotional offen für plötzliche Impulse und lassen sich in Ihrem Gefühlsleben oft durch Reaktionen anderer Menschen bestimmen – nicht immer zu Ihren Gunsten. Sie können treu sein und sich mit einem Partner tief verbinden. Erbe oder Erwerb von Besitz. Übersinnliche Eingebungen.

Sonne in Skorpion, Mond in Löwe

Eine rege Phantasie ist gekoppelt mit einer reichen Welt der Wünsche: Das führt Sie zu einem bewegten, teils auch hektischen Leben, in dem es immer wieder emotionale Überraschungen gibt. Sie eignen sich für die Bühne.

Sonne in Skorpion, Mond in Jungfrau

Ihre kritische Ader sollte Sie nicht zu bitteren oder sarkastischen Urteilen über die Umwelt verleiten. Aber schonen Sie sich selbst auch! Es ist unrealistisch, immer hundert Prozent von sich zu erwarten!

Sonne in Skorpion, Mond in Waage

Sie möchten sich selbst verwirklichen und setzen doch häufig zuviel Hoffnung in den Partner und seinen Beitrag zu Ihrem Glück. Sie lieben die Romantik und Ideale, das Geheimnis und die Metaphysik. Vielleicht besitzen Sie sogar das zweite Gesicht.

Sonne in Skorpion, Mond in Skorpion

Sie neigen dazu, andere zu dominieren, sie zu überfahren oder sie zumindest nach Ihren Ansichten zu dirigieren. Dabei behalten Sie viel für sich und arbeiten mit »geheimem« Wissen. Allgemein starke Persönlichkeitskräfte und Durchsetzungswillen.

Sonne in Skorpion, Mond in Schütze

Sie tragen Ihr Herz auf der Zunge, was häufig indiskret wirkt oder andere vor den Kopf stößt. Trotz guter Vitalität haben Sie einen Hang, sich zu extrem für Ihre Ideen einzusetzen, und erschöpfen sich zu schnell. Sie versuchen, Religion und Esoterik, Tradition und Fortschritt miteinander zu verknüpfen.

Sonne in Skorpion, Mond in Steinbock

Ihre Ansichten und Gewohnheiten ändern sich nicht so schnell: Was Sie einmal angenommen haben, wollen Sie nicht gern verändern. Sie haben ein gutes Gespür für Geld- und Besitzfragen, für Investitionen und Gewinnchancen. Ihr Ehrgeiz ist groß; achten Sie darauf, daß er sich nicht nur auf materielle Werte richtet.

Sonne in Skorpion, Mond in Wassermann

Lebhaftigkeit und Originalität, gleichzeitig auch Nervosität oder Aggressivität sind typische Züge dieser Kombination von Sonne und Mond in den Zeichen. Sie machen etwas so, wie Sie wollen, oder lieber gar nicht. Sie sind ein treuer Freund oder ein konsequenter Gegner.

Sonne in Skorpion, Mond in Fische

Suchtgefahren, ob in bezug auf Alkohol, Tabak oder (medizinische und psychedelische) Drogen, oder im Hinblick auf psychologische Süchte wie okkulte Träumerei oder magische Spielchen. Wenn Sie diesen Hang im Griff haben, ist Ihre Empfindsamkeit und Empfänglichkeit eine außerordentliche Hilfe, um sich höhere spirituelle Dimensionen zu erschließen.

Sonne in Schütze

Sonne in Schütze, Mond in Widder

Schon beim kleinsten Anlaß sausen diese Menschen los. Sie brausen leicht auf und sind meist an vorderster Front zu finden. Sie zügeln ihre Leidenschaften ungern und leben sie am liebsten freiweg aus. Das führt natürlich zu Ent-Täuschungen aller Art.

Dabei sind sie großzügig und besitzen Weitblick, aber auch einen unbändigen Freiheitswillen.

Sonne in Schütze, Mond in Stier

Sie sind warmherzig und einfühlsam sowie mit einer guten Vorstellungsgabe und Talenten im Bereich von Kunst und Musik gesegnet. Sie sind zuverlässig und entwickeln oft so etwas wie einen sechsten Sinn für zukünftige Ereignisse. Das kann Ihnen auch in materieller Hinsicht helfen.

Sonne in Schütze, Mond in Zwillinge

Sie suchen Stimulans durch Partner, deren Charme und Witz, deren Vielseitigkeit und Lebhaftigkeit Sie fasziniert. Oder Sie stellen sich Ihren Partnern gegenüber selbst so dar. Freiheit und Beständigkeit, Unabhängigkeit und Treue werden zu wichtigen Lebensthemen.

Sonne in Schütze, Mond in Krebs

Das Feuer- und das Wasserelement treffen sich hier, und dann »zischt« es natürlich. Echte Intuition und bedeutsame Träume liegen dicht neben gefühlvollen Wunschvorstellungen, die für wahr gehalten werden könnten. Gute Familienverhältnisse.

Sonne in Schütze, Mond in Löwe

Hier finden sich Menschen, denen die eigene Großartigkeit leicht zu Kopfe steigt. Sie sind voller Begeisterung und Lebensfreude und der Überzeugung, daß sie selbst am besten wissen, wo es langgeht, allerdings nicht nur für sich selbst, sondern auch für andere. Das finden andere Menschen allerdings selten angebracht. Eine Lebensaufgabe ist also, Umwelt und Partnern genügend Raum zur selbständigen Entfaltung zu lassen.

Sonne in Schütze, Mond in Jungfrau

Wache Unterscheidungskraft und Talent, mit Sprache umzugehen; intellektuell gut entwickelte Fähigkeiten und aktiver Geist. Klarheit im Denken und manchmal zu große Direktheit. Sie haben einen gesunden Menschenverstand, verfügen über ein nüchternes Urteilsvermögen und ein gesichertes Selbstwertgefühl.

Sonne in Schütze, Mond in Waage

Großes Selbstvertrauen verbindet sich mit Hingabefähigkeit in einer Partnerschaft und Einfühlungsvermögen in andere Menschen oder den Geschmack der Masse. Diese Menschen eignen sich für die Arbeit in den Unterhaltungsmedien, in der Mode oder in der Politik.

Sonne in Schütze, Mond in Skorpion

Gute Konstitution und körperliche Kraftreserven verleihen diesen Menschen genug Energie, ihre Ziele zielstrebig und ausdauernd zu verfolgen. Die Regenten der beiden Zeichen, Mars und Jupiter, bringen hier ihre vitalen Einflüsse positiv für Kopf und Herz zur Geltung.

Sonne in Schütze, Mond in Schütze

Freiheitsliebe bis hin zur Rebellion gegen Familie, Tradition, Gesetz oder Religion; dabei sind diese Menschen selbst recht dogmatisch, wenn sie ihre Überzeugungen vertreten. Reiselust, Suche nach Idealen und Werten, auch sehr eigenwilligen. Plötzliche Orts- und Berufswechsel.

Sonne in Schütze, Mond in Steinbock

Geschäftiger Wille und Verstand und ein Gemüt, das Freuden konkret, am besten sinnlich erleben möchte. Musische Neigungen und Gaben; gute Managerqualitäten und Realismus. In philosophischen, religiösen oder ethischen Fragen Hang zu Ordnung und System.

Sonne in Schütze, Mond in Wassermann

Weit gespannte Interessen, Verständnis für soziale Zusammenhänge und originelle Gedanken; Fähigkeit, in und mit Gruppen gut zu arbeiten beziehungsweise sie zu leiten. Diese Menschen können sich noch an den Wundern des Lebens erfreuen und sie fühlen sich zu transzendenten Dimensionen der Seele hingezogen.

Sonne in Schütze, Mond in Fische

Die Wünsche sind von Mitgefühl oder sogar Mitleid für die Umwelt getragen. Vom Herzen her möchten diese Menschen sich für andere aufopfern. In der Praxis mangelt es jedoch oft an Initiative, Entschlußkraft und methodischem Vorgehen. Am besten können sie unter kundiger Anleitung arbeiten, was sie meist jedoch gar nicht so gern mögen.

Sonne in Steinbock

Sonne in Steinbock, Mond in Widder

Ehrgeiz, Pioniergeist, materielle Interessen, Überzeugtheit von sich selbst, Entscheidungsfreude bis hin zur unüberlegten oder übereilten Handlungsweise und ein gewisses Maß an Egozentrik sind typische Merkmale dieser Kombination. Diese Menschen können hart arbeiten, benötigen aber bedachte Disziplin beziehungsweise Selbstbeherrschung.

Sonne in Steinbock, Mond in Stier

Festigkeit in den Überzeugungen, Treue zu sich selbst, Selbstbeherrschung, Fähigkeit, nicht nur für sich, sondern auch für andere Besitz und/oder materielle Werte zu erwerben. Diese Menschen sind besonders praktisch veranlagt. Zudem offene, positive Gefühle, Geduld und eine glückliche Hand in finanziellen Angelegenheiten.

Sonne in Steinbock, Mond in Zwillinge

Die Standfestigkeit der Steinbocksonne bietet eine gute Grundlage für die vielseitige Kommunikationsfreude des Zwillingemonds. Daher sind solche Menschen als Boten unterwegs, die Informationen oder Wissen weitertragen. Sie können selbst auch tief in ein Wissensgebiet eindringen.

Sonne in Steinbock, Mond in Krebs

Ausgeprägte Wirtschaftsinteressen, oft recht konservativ und auf Sicherung des Erreichten ausgerichtet; mitunter wird aus Sparsamkeit auch Geiz. Gute Chancen, öffentliche Ämter zu bekleiden und die Gunst einer relativ großen Masse zu gewinnen.

Sonne in Steinbock, Mond in Löwe

Eine wichtige Motivation für Sie sind Aufstieg und Erfolg im Beruf oder innerhalb Ihres gesellschaftlichen Rahmens. Ein weiteres Gefühlsbedürfnis, das Ihnen am Herzen liegt, ist aber mitmenschliche Wärme und echte Zuneigung. So gehört es zu Ihren Lebensaufgaben, zwischen diesen beiden Kräften einen persönlichen Ausgleich zu finden.

Sonne in Steinbock, Mond in Jungfrau

Ihr Verstand arbeitet sachlich und ruhig, analytisch und kritisch, wach und klar. Ihre Interessen richten sich auf Gesundheitsfragen, wissenschaftliche Erkenntnisse und Literatur. Sie eignen sich gut für medizinische Berufe, Ämter mit viel Schriftverkehr oder als Richter. Einen etwaigen Mangel an eigener Initiativkraft können Sie wettmachen, indem Sie mit anderen, aktiveren Menschen zusammenarbeiten.

Sonne in Steinbock, Mond in Waage

Sie wollen und können beliebt und berühmt werden. Sie sind einfühlsam, und Ihre Gefühle sind bedacht. Partnerschaften und Freundschaften können Sie Stabilität und Harmonie verleihen.

Sonne in Steinbock, Mond in Skorpion

Willensstärke, Entschlußkraft und Durchsetzungsvermögen führen allesamt zum Erfolg. Achten Sie darauf, daß Sie dabei nicht rücksichtslos werden oder ideelle Werte links liegen lassen.

Sonne in Steinbock, Mond in Schütze

Forscher, Entdecker, Kirchenführer oder Vereinsleiter erhalten durch diese Kombination unserer beiden Himmelslichter die nötige erdverbundene Bodenhaftung und den Realismus sowie die Begeisterung für neue Ideen und Aktivitäten, die bisherige Grenzen überschreiten.

Sonne in Steinbock, Mond in Steinbock

Ein nachdenklicher Charakter, mit Hang zur Schwermut. Schon früh werden diese Menschen gefordert, auf eigenen Füßen zu stehen und sich »durchzubeißen«. Damit geraten sie auch leicht in eine Art Isolation. Sie haben einen gut entwickelten und praktisch orientierten Erwerbssinn und suchen auch in geistigen Fragen nach sehr konkreten, überprüfbaren Antworten.

Sonne in Steinbock, Mond in Wassermann

Wache Wahrnehmung, beachtliche Intuition, sicheres Urteil und ein ausgeprägtes Organisationstalent kennzeichnen Menschen mit dieser Kombination. Durch Weitblick, Vorausschau und beharrlichen Einsatz bringen sie es weit.

Sonne in Steinbock, Mond in Fische

Sie haben ein ruhiges Wesen, sind diplomatisch, suchen weder Gesellschaft noch meiden Sie sie. Sie zeigen nach außen nicht, was in Ihnen steckt. Sie neigen zu Tätigkeiten, bei denen Sie Ihr Innenleben entfalten können, zum Beispiel in den Bereichen Dichtung, Musik oder Wissenschaft. Sie besitzen mediale Talente und, noch wichtiger, die Fähigkeit zur gesammelten und gleichzeitig gelassenen Meditation.

Sonne in Wassermann

Sonne in Wassermann, Mond in Widder

Weltoffenheit und stürmischer Wille, geistige Beweglichkeit und drängende Gefühle. Reisen, abenteuerliche Projekte, Suche nach Neuland und wissenschaftliche Studien sind Bereiche, in denen Sie sich wohl fühlen. Eine Aufgabe für Sie liegt darin, zu lernen, kooperativ mit anderen Menschen zusammenzuarbeiten.

Sonne in Wassermann, Mond in Stier

Sie sind ernsthaft, gerecht und zuverlässig. Sie zeichnen sich durch ein in sich ruhendes Wesen aus, das sich in der Praxis des Alltags bewährt, egal, unter welchen wechselnden Umständen das auch sein mag. Sie gewinnen viel durch Freunde und Bekannte im öffentlichen Leben und können diesen ebenfalls viel geben.

Sonne in Wassermann, Mond in Zwillinge

Ihre intellektuellen und mentalen Fähigkeiten sind stark ausgeprägt. Sie sind vielseitig interessiert und können sich gut ausdrücken. Ihr Gedächtnis arbeitet hervorragend, und ihr Denken ist wohlgeordnet. Sie sind freundlich und gutmütig, vielleicht ein wenig reserviert, weshalb sie nur wenige wirkliche Freunde haben.

Sonne in Wassermann, Mond in Krebs

In Fragen der Häuslichkeit und in Besitzangelegenheiten haben Sie Ihren ganz eigenen Kopf. Daher sind Sie nicht immer bereit oder fähig, sich veränderten Lebensumständen genügend anzupassen. Ihr Denken ist nicht nur vom Verstand beherrscht, sondern Sie lassen auch Ihren Gefühlen genug Raum. Unter Umständen mediale Erfahrungen.

Sonne in Wassermann, Mond in Löwe

Intensive Gefühle gekoppelt mit Besitzansprüchen und leidenschaftlicher Liebe, dabei auf merkwürdige Weise zurückhaltend damit, das eigene Herz zu öffnen. Aktiver Verstand, lebendige Phantasie, kreative Vorstellungskraft.

Sonne in Wassermann, Mond in Jungfrau

Ordnungsliebe, Genauigkeit, Vorsicht in Denken und Verhalten sowie eine kritische Beurteilung vieler Dinge sind typische Attribute dieser Kombination. Das Denken ist bei aller Offenheit auf praktische Anwendbarkeit gerichtet. Große Wißbegierde, aber manchmal Antriebsschwäche oder mangelnder Mut, Ideen umzusetzen.

Sonne in Wassermann, Mond in Waage

Diese Menschen verfügen meist über eine bemerkenswerte Auffassungsgabe, einen intuitiven Geist und die Fähigkeit, Dinge vorauszusehen. Sie hegen eine Vorliebe für eine ästhetische Umgebung und werden ebensolche Partner beziehungsweise entsprechende Projekte anziehen.

Sonne in Wassermann, Mond in Skorpion

Obwohl Sie keinen besonders starken Willen besitzen, meinen Sie häufig, sich kämpferisch durchsetzen zu müssen, weil Sie sonst zu kurz kommen. Sie erfassen Charakter und Motive anderer Menschen gut und können damit (zu Ihrem Vorteil) umgehen. Sie können hart arbeiten und werden damit Erfolg haben.

Sonne in Wassermann, Mond in Schütze

Sie nehmen kein Blatt vor den Mund und übersehen dabei oft, daß das, was für Sie Wahrheit und Aufrichtigkeit bedeutet, von der Umwelt als brüskes Verhalten oder rücksichtslose Kritik aufgefaßt wird. Sie haben aber beachtliche Talente zur Kommunikation, vor allem in Schriftform. Ihre Interessen sind philanthropisch, sozialreformerisch oder religiös.

Sonne in Wassermann, Mond in Steinbock

Sie sind ehrgeizig und taktvoll zugleich, zielbewußt und dabei klug. Sie können Großes leisten, oft mit Hilfe von Freunden. Ihre Bestrebungen sind ernsthaft, geduldig und beharrlich, vielleicht manchmal zu nüchtern. Sie dürfen Ihre Herzenswärme ruhig etwas häufiger leben.

Sonne in Wassermann, Mond in Wassermann

Erfolge haben Sie weniger auf weltlichen Gebieten als in den Reichen des Geistes: beim Einsatz für gesellschaftliche Ideale, bei Erfindungen oder Entdeckungen, in der spirituellen Intuition und Kontemplation. Das mentale Leben spielt eine größere Rolle als das Gefühlsleben.

Sonne in Wassermann, Mond in Fische

Zum ahnungsvollen Fischemond gesellt sich hier bewußtes Denken, das den Dingen auf den Grund gehen will. Die Welt der Imagination wird damit durch die Welt des Geistes ergänzt. Sie lieben Schönheit und Ästhetik und damit die harmonischen Ausdrucksformen der Kunst. Okkulte oder mediale Gaben.

Sonne in Fische

Sonne in Fische, Mond in Widder

Feinfühligkeit und Impulsivität bestimmen Ihr Leben. Viele neue Projekte werden aus dem Gefühl heraus eifrig angepackt, gern aber auch schnell wieder fallengelassen, wenn sie sich als erfolglos erweisen. Diese Menschen müssen lernen, überlegter zu handeln und geduldiger zu werden.

Sonne in Fische, Mond in Stier

Sensibilität paart sich mit ruhiger Stärke, ein transzendenter Geist mit einem an reellen Werten interessierten Gemüt. Sie sind in Gelddingen bedacht und praktisch orientiert. Sie sind gastfreundlich und selbst gern gesehener Gast, weil Sie ausgeglichen und teilnahmsvoll sind.

Sonne in Fische, Mond in Zwillinge

Eine karmische Herausforderung für Menschen mit dieser Konstellation besteht darin, sich über ihre wichtigen Ziele und Prioritäten klarzuwerden, zu lernen, Entscheidungen wirklich zu treffen und einen Hang zur Ruhelosigkeit und nervösen Sorge um dieses und jenes abzulegen. Offener Geist, der gern neues Wissen erwirbt.

Sonne in Fische, Mond in Krebs

Eine typisch »mediale Konstellation« – beide Lichter stehen in Wasserzeichen. Das macht Sie empfänglich und empfindsam zugleich, aber auch beeinflußbar. Sie suchen nach Harmonie im Gefühlsleben – in Familie oder Freundschaft –, Gefühle bedeuten Ihnen viel. Die Mutter spielt eine starke Rolle. Gute Grundlagen, um Haus- und Grundbesitz zu erlangen.

Sonne in Fische, Mond in Löwe

Das Romantische, Geheimnisvolle und meist anscheinend Unerreichbare fasziniert Sie ganz besonders. Sie möchten nach den Sternen greifen. Herzenswärme und Wohltätigkeit ist ein Lebenselixier für Sie, und Sie schenken anderen viel davon. In esoterischen Bestrebungen sollten Sie sich vor dem Zauber von Magie hüten.

Sonne in Fische, Mond in Jungfrau

Aktive Intuition und die Fähigkeit, Inspirationen kritisch zu bewerten, Wißbegier und Arbeitsfreude. Verstand und Gefühl verbinden sich zu einem Gleichklang. Klugheit und gesunder Menschenverstand dieser Menschen geben auch anderen einen Halt.

Sonne in Fische, Mond in Waage

Wache Aufnahmefähigkeit, Offenheit für spirituelle Themen, Musikliebe. Diese Menschen sind nicht gern allein, sie erwarten von einem Partner/einer Partnerin emotionale Erfüllung. Es fällt ihnen leicht, Freunde zu gewinnen.

Sonne in Fische, Mond in Skorpion

Sie werden oft mißverstanden und falsch eingeschätzt: als ichbezogen oder dominant. Dabei sind Sie voller Mitgefühl für die Umwelt und bemühen sich, anderen Menschen zu helfen. Sinn für berufliche Chancen und Kraft, sie zu nutzen.

Sonne in Fische, Mond in Schütze

Warme Ausstrahlung, tiefe Gefühle, idealistische Vorstellungen und Sehnsucht danach, Transzendenz in diesem Leben zu erfahren. Sehr gesprächig, manchmal schwatzhaft. Eifriger Einsatz für die Dinge, die es einem wert erscheinen; Widerstand gegen Bestrebungen, die die Unabhängigkeit der eigenen Gefühle einengen könnten. Reisefreude.

Sonne in Fische, Mond in Steinbock

»Der Wille träumt, das Gemüt strebt nach Erfolg«, könnte ein Motto für diese Kombination von Sonne und Mond lauten. Gefühlsmäßig suchen diese Menschen Selbstbestätigung, Anerkennung, dingliche Werte, praktischen Nutzen, also Erfolg. Dabei ist der Wille jedoch mehr auf Ideale als auf reale Ziele hin orientiert, wodurch eine gewisse Spannung entsteht. Eine Lernaufgabe besteht deshalb darin, Kopf und Herz an einem Strang ziehen zu lassen.

Sonne in Fische, Mond in Wassermann

Ruhiges Temperament, gutes Erinnerungsvermögen, sicheres Urteil und Offenheit gegenüber der Umwelt und ihren Wünschen beziehungsweise Anforderungen. Sie fühlen sich vermutlich in irgendeiner Art von Öffentlichkeit wohler als am heimischen Herd. Weitgespannte Interessen und Fähigkeit, auch groß angelegte Pläne zu verfolgen.

Sonne in Fische, Mond in Fische

Das ist wieder eine Neumondkonstellation. Damit vertiefen sich die Einflüsse beider Himmelslichter, was aber nicht heißt, daß beide gleich glanzvoll nach außen strahlen. Vielmehr werden nur Sie manche Kräfte, die von Sonne oder Mond symbolisiert werden, innerlich spüren und intensiv erleben. Aktive Imagination und Inspiration, mediale Gaben, humanitäre Ideale. Klarheit und Entschlossenheit, Entscheidungsfreude und Beharrlichkeit gehören zu Ihren Lernthemen.

9. Das Tao der Astrologie

Der Mensch im Kosmos und das innere Horoskop

Wenn wir uns ein Horoskop ansehen, die vielen Symbole für Planeten und Zeichen, die Striche der Häuser und Aspekte – wo ist dabei die Erde, auf der wir leben? Wo sind eigentlich wir selbst? Das, was wir auf dem Blatt vor uns sehen, ist das äußere Horoskop. Die Erde befindet sich symbolisch im Mittelpunkt des Kreises. Es gibt aber auch eine innere Astrologie und ein inneres Horoskop. In deren Mitte stehen wir, als Seele, als Selbst, als rein geistige Wesen.

In der chinesischen Weisheitslehre gibt es den Begriff des Tao. Das Tao verbindet Himmel und Erde und ist dennoch mehr als das. Das Tao ist Yang und Yin, Licht und Dunkel, Männliches und Weibliches, und doch keins davon. »Das Tao, das man nennen kann, ist nicht das Tao«, heißt ein geflügeltes Wort aus China.

Das Horoskop verbindet auch Himmel und Erde. Astrologie fragt auch nach den Beziehungen zwischen oben und unten, zwischen Licht und Dunkel. Und doch steckt dahinter mehr, etwas letztlich Unbeschreibliches und Unaussprechliches.

Mit einem Vergleich will ich doch eine Beschreibung dessen versuchen, was »dahinter« steht.

Stellen Sie sich einen Schallplattenteller vor, auf dem eine Platte liegt. Am Rand der Platte liegen an verschiedenen Stellen kleine Pappe-, Papier- und Wattekugeln. Je schneller sich die Platte dreht, desto stärker drücken die Zentrifugalkräfte die Kugeln nach außen, bis sie schließlich nach und nach von der Platte rutschen oder fliegen. Ähnlich verhält es sich beim »normalen« Horoskop.

Die Hektik unseres Lebens drückt uns nach außen, die symbolischen Planeteneinflüsse werden von den zentrifugalen Kräften an den Rand des Horoskops gedrängt – wir geraten »außer uns«, wir werden mal hierher, mal dorthin gezerrt, wir verzetteln und verlieren uns, wir werden aus unserer Mitte herausgeschleudert – und wissen nun nicht mehr, wer wir sind, warum wir leben, wohin die Reise gehen soll.

Bei einem Plattenteller gibt es bekanntlich in der Mitte einen Stift, der die Platte hält. Der Stift dreht sich recht langsam, vor allem im Vergleich zum äußersten Rand der Platte (die legt ja in derselben Zeit – 33 oder 45 Umdrehungen pro Minute – eine viel größere Strecke zurück als der kleine Umfang des Stiftes). Nun gibt es mathematisch gesehen in der Mitte des Stiftes einen nur gedachten Punkt, der stillsteht. Real existiert er zwar nicht, aber wie gesagt rein gedanklich gibt es ihn.

Ähnlich geht es uns Menschen. Je mehr wir im Außen sind, desto zerrissener sind wir. Je mehr wir im Innen verankert sind, desto mehr ruhen wir auch in Stürmen des Lebens in uns selbst. Auch in uns gibt es einen »Stift«, um den sich die Platte des Lebens dreht. Und in der Mitte dieses »Stiftes« gibt es tatsächlich einen Punkt, an dem die äußere Bewegung keinerlei Rolle mehr spielt. Dieser Stift ist das spirituelle Bewußtsein, dessen Ruhepol sich am sogenannten dritten Auge befindet.

Wenn wir unsere Aufmerksamkeit auf diesen Punkt richten, spielt die äußere Bewegung keine Rolle mehr. Wir atmen zwar normal weiter, die Körperfunktionen laufen ebenfalls ganz natürlich ab, aber die Seele beginnt, nach innen zu blicken, in die Weite eines inneren Kosmos, in dem sie Sterne, Monde und Sonnen, das Licht des Astral-Himmels und vieles mehr entdecken kann. Noch wesentlicher ist aber, daß über diesen Punkt der Zugang zu einer Quelle von Erkenntnis und Sinn, Frieden und Liebe möglich wird.

Im Buch ›Kraft der Seele‹ des Meditationslehrers Rajinder Singh (→ Anhang, S. 134) finden Sie eine Beschreibung dieser Meditationsmethode und erfahren, wie man in den inneren Kosmos gelangt, wie man sogar Sterne, Mond und Sonne durchqueren kann und was sich »dahinter« oder »da drinnen« verbirgt. Sein eigener Meditationsmeister Kirpal Singh hat sich einmal mit einem bemerkenswerten Zitat zur Astrologie geäußert:

»Astrologie ist eine reguläre Wissenschaft, aber es gibt nur wenige, die sich darin wirklich auskennen. Das erfordert eine klare geistige Sicht. Darüber hinaus wirkt die Astrologie nur auf jene, die unter dem Einfluß der Sterne stehen; für jene indes, die den gestirnten Himmel durchschreiten oder unter der Obhut von Meistern sind, welche den gestirnten Himmel durchschreiten, erweisen sich die Voraussagen als nicht zutreffend.«

Für das irdische Leben hat die Astrologie einen gewichtigen Erkenntniswert. Ihre Aussagen über den Charakter sind allemal aufschlußreich. Was Voraussagen betrifft, kommt es darauf an, ob ein Mensch am Rande des Lebens, ganz im Materiellen lebt, oder in der Mitte, also im rein Geistigen seine Wurzeln schlägt. Von Herzen wünsche ich Ihnen, daß Sie auf die für Sie richtige Weise Körperliches und Seelisches, Irdisches und Spirituelles miteinander verbinden. Möge uns allen der dazu notwendige Segen »von oben« oder »von innen« zufließen.

Anhang

Literaturhinweise

Zum Thema Astrologie empfehle ich generell Bücher von Bernd A. Mertz, Claude Weiss und Dane Rudhyar. Bücher von Johannes Vehlow sind leider nur noch antiquarisch erhältlich.

Astrologische Titel von Wulfing von Rohr

Die Deutung des Horoskops. Ein umfassendes Nachschlagewerk. Urania Verlag, CH-Neuhausen 1996
   Mit den Sternen zum Erfolg. Entscheidungsplanung im Einklang mit den kosmischen Zyklen. Orac Verlag, Wien 1997
   Mondzyklen als Lebenshilfe, Urania Verlag, CH-Neuhausen 1997
   Karma und freier Wille im Horoskop. Hier & Jetzt Verlag, Oldesloe 1995 (vergriffen)
   Tarot von A bis Z. Urania Verlag, Ch-Neuhausen 1999

Spirituelle Texte

Darshan Singh: Spirituelles Erwachen – Bewußtsein für das neue Jahrtausend. Knaur Verlag, München 1999
   Rajinder Singh: Kraft der Seele – Antworten auf spirituelle Fragen. Urania Verlag, CH-Neuhausen 1997
   Johann Benedikt (Hrsg.): Erinnert euch an eure Menschlichkeit. Urania Verlag, CH-Neuhausen 1998
   Wulfing von Rohr: Der Seelenquotient. Die Entfaltung des persönlichen Potentials. Goldmann Verlag, München 1998

Wulfing von Rohr: Was lehrte Jesus wirklich? Die verborgene Botschaft der Bibel. Goldmann Verlag, München 1995

Wulfing von Rohr: Licht in der Stille unendlich und geheimnisvoll. Ein Stundenbuch über den Tod und das Leben. Urania Verlag, Ch-Neuhausen 1998

Lebenshilfebücher

Ursula von Rohr: Hör mir mal zu. Mit dem Herzen hören, aus dem Herzen sprechen. Fischer Verlag, CH-Münsingen/Bern 1996

Wulfing von Rohr: So bleiben Sie gesund. Einfache Wege zu Harmonie und Wohlbefinden. Fischer Verlag, CH-Münsingen/Bern 1996

Wulfing von Rohr: Die Zukunftsdenker. Das persönliche Trainingsprogramm für den Jahrtausendwechsel. Metropolitan Verlag, Düsseldorf 1997

Wulfing von Rohr: Alltagsprobleme kreativ lösen. Falken Verlag, Niedernhausen 1999

Tabelle zum Tierkreiszeichen Ihrer Sonne

Eine genaue Bestimmung aller Faktoren im Horoskop liefern Ihnen astrologische Ausrechnungsdienste, zum Beispiel Astro-data Zürich, die Wrage Buchhandlung Hamburg oder das Studio Moderne Astrologie Wien.

Wo steht Ihre Sonne?
Suchen Sie in der folgenden Tabelle Ihren Geburtstag, und stellen Sie dann fest, in welchem Zeichen und bei wieviel Grad Ihre Geburtssonne steht. Die Angaben sind auf ein Grad genau.

1.1. 10-11 Grad Steinbock
2.1. 11-12 Grad Steinbock
3.1. 12-13 Grad Steinbock
4.1. 13-14 Grad Steinbock
5.1. 14-15 Grad Steinbock
6.1. 15-16 Grad Steinbock
7.1. 16-17 Grad Steinbock
8.1. 17-18 Grad Steinbock
9.1. 18-19 Grad Steinbock
10.1. 19-20 Grad Steinbock
11.1. 20-21 Grad Steinbock
12.1. 21-22 Grad Steinbock
13.1. 22-23 Grad Steinbock
14.1. 23-24 Grad Steinbock
15.1. 24-25 Grad Steinbock
16.1. 25-26 Grad Steinbock

17.1. 26-27 Grad Steinbock
18.1. 27-28 Grad Steinbock
19.1. 28-29 Grad Steinbock
20.1. 29-30 Grad Steinbock
21.1.　　30 Grad Steinbock –
　　　　1 Grad Wassermann
22.1. 1-02 Grad Wassermann
23.1. 2-03 Grad Wassermann
24.1. 3-04 Grad Wassermann
25.1. 4-05 Grad Wassermann
26.1. 5-06 Grad Wassermann
27.1. 6-07 Grad Wassermann
28.1. 7-08 Grad Wassermann
29.1. 8-09 Grad Wassermann
30.1. 9-10 Grad Wassermann
31.1. 10-11 Grad Wassermann

1.2. 11-12 Grad Wassermann
2.2. 12-13 Grad Wassermann
3.2. 13-14 Grad Wassermann
4.2. 14-15 Grad Wassermann
5.2. 15-16 Grad Wassermann
6.2. 16-17 Grad Wassermann
7.2. 17-18 Grad Wassermann
8.2. 18-19 Grad Wassermann
9.2. 19-20 Grad Wassermann
10.2. 20-21 Grad Wassermann
11.2. 21-22 Grad Wassermann
12.2. 22-23 Grad Wassermann
13.2. 23-24 Grad Wassermann
14.2. 24-25 Grad Wassermann
15.2. 25-26 Grad Wassermann

16.2. 26-27 Grad Wassermann
17.2. 27-28 Grad Wassermann
18.2. 28-29 Grad Wassermann
19.2. 29-30 Grad Wassermann
20.2.　　30 Grad Wassermann –
　　　　1 Grad Fische
21.2. 1-02 Grad Fische
22.2. 2-03 Grad Fische
23.2. 3-04 Grad Fische
24.2. 4-05 Grad Fische
25.2. 5-06 Grad Fische
26.2. 6-07 Grad Fische
27.2. 7-08 Grad Fische
28.2. 8-09 Grad Fische
29.2. 9-10 Grad Fische

1.3. 10-11 Grad Fische
2.3. 11-12 Grad Fische
3.3. 12-13 Grad Fische
4.3. 13-14 Grad Fische
5.3. 14-15 Grad Fische
6.3. 15-16 Grad Fische
7.3. 16-17 Grad Fische
8.3. 17-18 Grad Fische
9.3. 18-19 Grad Fische
10.3. 19-20 Grad Fische
11.3. 20-21 Grad Fische
12.3. 21-22 Grad Fische
13.3. 22-23 Grad Fische
14.3. 23-24 Grad Fische
15.3. 24-25 Grad Fische
16.3. 25-26 Grad Fische

17.3. 26-27 Grad Fische
18.3. 27-28 Grad Fische
19.3. 28-29 Grad Fische
20.3. 29-30 Grad Fische
21.3.   30 Grad Fische –
         01 Grad Widder
22.3. 1-02 Grad Widder
23.3. 2-03 Grad Widder
24.3. 3-04 Grad Widder
25.3. 4-05 Grad Widder
26.3. 5-06 Grad Widder
27.3. 6-07 Grad Widder
28.3. 7-08 Grad Widder
29.3. 8-09 Grad Widder
30.3. 9-10 Grad Widder
31.3. 10-11 Grad Widder

1.4. 11-12 Grad Widder
2.4. 12-13 Grad Widder
3.4. 13-14 Grad Widder
4.4. 14-15 Grad Widder
5.4. 15-16 Grad Widder
6.4. 16-17 Grad Widder
7.4. 17-18 Grad Widder
8.4. 18-19 Grad Widder
9.4. 19-20 Grad Widder
10.4. 20-21 Grad Widder
11.4. 21-22 Grad Widder
12.4. 22-23 Grad Widder
13.4. 23-24 Grad Widder
14.4. 24-25 Grad Widder
15.4. 25-26 Grad Widder

16.4. 26-27 Grad Widder
17.4. 27-28 Grad Widder
18.4. 28-29 Grad Widder
19.4. 29-30 Grad Widder
20.4.   30 Grad Widder –
         1 Grad Stier
21.4. 0-01 Grad Stier
22.4. 1-02 Grad Stier
23.4. 2-03 Grad Stier
24.4. 3-04 Grad Stier
25.4. 4-05 Grad Stier
26.4. 5-06 Grad Stier
27.4. 6-07 Grad Stier
28.4. 7-08 Grad Stier
29.4. 8-09 Grad Stier
30.4. 9-10 Grad Stier

1.5. 10-11 Grad Stier
2.5. 11-12 Grad Stier
3.5. 12-13 Grad Stier
4.5. 13-14 Grad Stier
5.5. 14-15 Grad Stier
6.5. 15-16 Grad Stier
7.5. 16-17 Grad Stier
8.5. 17-18 Grad Stier
9.5. 18-19 Grad Stier
10.5. 19-20 Grad Stier
11.5. 20-21 Grad Stier
12.5. 21-22 Grad Stier
13.5. 22-23 Grad Stier
14.5. 23-24 Grad Stier
15.5. 24-25 Grad Stier
16.5. 25-26 Grad Stier

17.5. 26-27 Grad Stier
18.5. 27-28 Grad Stier
19.5. 28-29 Grad Stier
20.5. 29-30 Grad Stier
21.5.   30 Grad Stier –
          1 Grad Zwillinge
22.5. 0-01 Grad Zwillinge
23.5. 1-02 Grad Zwillinge
24.5. 2-03 Grad Zwillinge
25.5. 3-04 Grad Zwillinge
26.5. 4-05 Grad Zwillinge
27.5. 5-06 Grad Zwillinge
28.5. 6-07 Grad Zwillinge
29.5. 7-08 Grad Zwillinge
30.5. 8-09 Grad Zwillinge
31.5. 9-10 Grad Zwillinge

1.6. 10-11 Grad Zwillinge
2.6. 11-12 Grad Zwillinge
3.6. 12-13 Grad Zwillinge
4.6. 13-14 Grad Zwillinge
5.6. 14-15 Grad Zwillinge
6.6. 15-16 Grad Zwillinge
7.6. 16-17 Grad Zwillinge
8.6. 17-18 Grad Zwillinge
9.6. 18-19 Grad Zwillinge
10.6. 19-20 Grad Zwillinge
11.6. 20-21 Grad Zwillinge
12.6. 21-22 Grad Zwillinge
13.6. 22-23 Grad Zwillinge
14.6. 23-24 Grad Zwillinge
15.6. 24-25 Grad Zwillinge

16.6. 25-26 Grad Zwillinge
17.6. 26-27 Grad Zwillinge
18.6. 27-28 Grad Zwillinge
19.6. 28-29 Grad Zwillinge
20.6. 29-30 Grad Zwillinge
21.6.   30 Grad Zwillinge –
          1 Grad Krebs
22.6. 0-01 Grad Krebs
23.6. 1-02 Grad Krebs
24.6. 2-03 Grad Krebs
25.6. 3-04 Grad Krebs
26.6. 4-05 Grad Krebs
27.6. 5-06 Grad Krebs
28.6. 6-07 Grad Krebs
29.6. 7-08 Grad Krebs
30.6. 8-09 Grad Krebs

1.7. 9-10 Grad Krebs	16.7. 24-25 Grad Krebs
2.7. 10-11 Grad Krebs	17.7. 25-26 Grad Krebs
3.7. 11-12 Grad Krebs	18.7. 26-27 Grad Krebs
4.7. 12-13 Grad Krebs	19.7. 27-28 Grad Krebs
5.7. 13-14 Grad Krebs	20.7. 28-29 Grad Krebs
6.7. 14-15 Grad Krebs	21.7. 29-30 Grad Krebs
7.7. 15-16 Grad Krebs	22.7. 30 Grad Krebs –
8.7. 16-17 Grad Krebs	1 Grad Löwe
9.7. 17-18 Grad Krebs	23.7. 0-01 Grad Löwe
10.7. 18-19 Grad Krebs	24.7. 1-02 Grad Löwe
11.7. 19-20 Grad Krebs	25.7. 2-03 Grad Löwe
12.7. 20-21 Grad Krebs	26.7. 3-04 Grad Löwe
13.7. 21-22 Grad Krebs	27.7. 4-05 Grad Löwe
14.7. 22-23 Grad Krebs	28.7. 5-06 Grad Löwe
15.7. 23-24 Grad Krebs	29.7. 6-07 Grad Löwe
	30.7. 7-08 Grad Löwe
	31.7. 8-09 Grad Löwe

1.8. 9-10 Grad Löwe	17.8. 25-26 Grad Löwe
2.8. 10-11 Grad Löwe	18.8. 26-27 Grad Löwe
3.8. 11-12 Grad Löwe	19.8. 27-28 Grad Löwe
4.8. 12-13 Grad Löwe	20.8. 28-29 Grad Löwe
5.8. 13-14 Grad Löwe	21.8. 29-30 Grad Löwe
6.8. 14-15 Grad Löwe	22.8. 30 Grad Löwe –
7.8. 15-16 Grad Löwe	1 Grad Jungfrau
8.8. 16-17 Grad Löwe	23.8. 0 Grad Löwe –
9.8. 17-18 Grad Löwe	1 Grad Jungfrau
10.8. 18-19 Grad Löwe	24.8. 1-02 Grad Jungfrau
11.8. 19-20 Grad Löwe	25.8. 2-03 Grad Jungfrau
12.8. 20-21 Grad Löwe	26.8. 3-04 Grad Jungfrau
13.8. 21-22 Grad Löwe	27.8. 4-05 Grad Jungfrau
14.8. 22-23 Grad Löwe	28.8. 5-06 Grad Jungfrau
15.8. 23-24 Grad Löwe	29.8. 6-07 Grad Jungfrau
16.8. 24-25 Grad Löwe	30.8. 7-08 Grad Jungfrau
	31.8. 8-09 Grad Jungfrau

1.9.   9-10 Grad Jungfrau
2.9. 10-11 Grad Jungfrau
3.9. 11-12 Grad Jungfrau
4.9. 12-13 Grad Jungfrau
5.9. 13-14 Grad Jungfrau
6.9. 14-15 Grad Jungfrau
7.9. 15-16 Grad Jungfrau
8.9. 16-17 Grad Jungfrau
9.9. 17-18 Grad Jungfrau
10.9. 18-19 Grad Jungfrau
11.9. 19-20 Grad Jungfrau
12.9. 20-21 Grad Jungfrau
13.9. 21-22 Grad Jungfrau
14.9. 22-23 Grad Jungfrau
15.9. 23-24 Grad Jungfrau

16.9. 24-25 Grad Jungfrau
17.9. 25-26 Grad Jungfrau
18.9. 26-27 Grad Jungfrau
19.9. 27-28 Grad Jungfrau
20.9. 28-29 Grad Jungfrau
21.9. 29-30 Grad Jungfrau
22.9.   30 Grad Jungfrau –
            1 Grad Waage
23.9.   0-01 Grad Waage
24.9.   1-02 Grad Waage
25.9.   2-03 Grad Waage
26.9.   3-04 Grad Waage
27.9.   4-05 Grad Waage
28.9.   5-06 Grad Waage
29.9.   6-07 Grad Waage
30.9.   7-08 Grad Waage

1.10.   8-09 Grad Waage
2.10.   9-10 Grad Waage
3.10. 10-11 Grad Waage
4.10. 11-12 Grad Waage
5.10. 12-13 Grad Waage
6.10. 13-14 Grad Waage
7.10. 14-15 Grad Waage
8.10. 15-16 Grad Waage
9.10. 16-17 Grad Waage
10.10. 17-18 Grad Waage
11.10. 18-19 Grad Waage
12.10. 19-20 Grad Waage
13.10. 20-21 Grad Waage
14.10. 21-22 Grad Waage
15.10. 22-23 Grad Waage
16.10. 23-24 Grad Waage

17.10. 24-25 Grad Waage
18.10. 25-26 Grad Waage
19.10. 26-27 Grad Waage
20.10. 27-28 Grad Waage
21.10. 28-29 Grad Waage
22.10. 29-30 Grad Waage
23.10.   30 Grad Waage –
            1 Grad Skorpion
24.10.   1-02 Grad Skorpion
25.10.   2-03 Grad Skorpion
26.10.   3-04 Grad Skorpion
27.10.   4-05 Grad Skorpion
28.10.   5-06 Grad Skorpion
29.10.   6-07 Grad Skorpion
30.10.   7-08 Grad Skorpion
31.10.   8-09 Grad Skorpion

1.11. 9-10 Grad Skorpion	16.11. 24-25 Grad Skorpion
2.11. 10-11 Grad Skorpion	17.11. 25-26 Grad Skorpion
3.11. 11-12 Grad Skorpion	18.11. 26-27 Grad Skorpion
4.11. 12-13 Grad Skorpion	19.11. 27-28 Grad Skorpion
5.11. 13-14 Grad Skorpion	20.11. 28-29 Grad Skorpion
6.11. 14-15 Grad Skorpion	21.11. 29-30 Grad Skorpion
7.11. 15-16 Grad Skorpion	22.11. 30 Grad Skorpion –
8.11. 16-17 Grad Skorpion	1 Grad Schütze
9.11. 17-18 Grad Skorpion	23.11. 1-02 Grad Schütze
10.11. 18-19 Grad Skorpion	24.11. 2-03 Grad Schütze
11.11. 19-20 Grad Skorpion	25.11. 3-04 Grad Schütze
12.11. 20-21 Grad Skorpion	26.11. 4-05 Grad Schütze
13.11. 21-22 Grad Skorpion	27.11. 5-06 Grad Schütze
14.11. 22-23 Grad Skorpion	28.11. 6-07 Grad Schütze
15.11. 23-24 Grad Skorpion	29.11. 7-08 Grad Schütze
	30.11. 8-09 Grad Schütze

1.12. 9-10 Grad Schütze	17.12. 25-26 Grad Schütze
2.12. 10-11 Grad Schütze	18.12. 26-27 Grad Schütze
3.12. 11-12 Grad Schütze	19.12. 27-28 Grad Schütze
4.12. 12-13 Grad Schütze	20.12. 28-29 Grad Schütze
5.12. 13-14 Grad Schütze	21.12. 29 Grad Schütze –
6.12. 14-15 Grad Schütze	1 Grad Steinbock
7.12. 15-16 Grad Schütze	22.12. 1-02 Grad Steinbock
8.12. 16-17 Grad Schütze	23.12. 2-03 Grad Steinbock
9.12. 17-18 Grad Schütze	24.12. 3-04 Grad Steinbock
10.12. 18-19 Grad Schütze	25.12. 4-05 Grad Steinbock
11.12. 19-20 Grad Schütze	26.12. 5-06 Grad Steinbock
12.12. 20-21 Grad Schütze	27.12. 6-07 Grad Steinbock
13.12. 21-22 Grad Schütze	28.12. 7-08 Grad Steinbock
14.12. 22-23 Grad Schütze	29.12. 8-09 Grad Steinbock
15.12. 23-24 Grad Schütze	30.12. 9-10 Grad Steinbock
16.12. 24-25 Grad Schütze	31.12. 10-11 Grad Steinbock

Tabelle zum Tierkreiszeichen Ihres Mondes

Wo steht der Mond in Ihrem Horoskop?
Der Mond geht sehr rasch durch alle Zeichen – in knapp einem
Monat durchläuft er den gesamten Tierkreis von 360 Grad. Eine
Tabelle für alle Jahrgänge würde sehr viele Seiten belegen, des-
halb können Sie diese Formel benutzen, die einen ungefähren,
wenn auch nicht genauen Wert ergibt.

So finden Sie Ihr Mondzeichen:

1. Stellen Sie in Tabelle A Ihre persönliche Mondzahl A fest.

2. Lesen Sie in Tabelle B (S. 145) Ihre persönliche Mondzahl B
ab.

3. Addieren Sie die Mondzahlen A und B.

4. Falls die Summe aus Mondzahl A und Mondzahl B größer
als 360 ist, ziehen Sie bitte von dieser Summe 360 ab.

5. Das ist Ihre persönliche Mondzahl, berechnet auf 12 Uhr
mittags.

6. Falls Sie Ihre Geburtszeit kennen, können Sie noch genauer
rechnen, und zwar so: Addieren oder subtrahieren Sie dann den
für Sie gültigen Korrekturwert aus Tabelle C (S. 145) von Ihrer
persönlichen Mondzahl aus 5.

7. Sehen Sie in Tabelle D auf Seite 146 nach, zu welchem Tierkreiszeichen Ihre persönliche Mondzahl gehört: Dies entspricht
dem Tierkreiszeichen, in dem der Mond in Ihrem Geburtshoroskop steht.

Tabelle A für Mondzahl A:

In welchem Jahr und in welchem Monat haben Sie Geburtstag?

Jahr	Jan	Feb	Mär	Apr	Mai	Jun	Jul	Aug	Sep	Okt	Nov	Dez
1920	38	91	115	167	202	248	281	326	14	50	104	153
1921	194	241	249	294	325	10	44	94	148	186	237	271
1922	317	1	10	55	91	153	182	234	284	318	3	35
1923	80	128	138	188	227	280	316	1	46	78	123	159
1924	210	263	288	339	13	59	91	137	185	222	270	314
1925	4	51	59	103	139	179	214	265	319	357	48	81
1926	126	172	180	226	262	315	354	46	95	128	172	204
1927	250	299	306	359	38	90	126	172	216	248	294	330
1928	22	76	100	150	184	229	261	307	356	34	87	125
1929	175	221	229	273	304	350	25	76	130	168	218	252
1930	296	341	350	37	74	127	166	218	265	298	342	14
1931	59	109	117	170	208	261	295	341	26	58	105	142
1932	194	248	272	321	355	38	71	117	167	205	258	296
1933	345	31	38	82	114	160	196	248	302	340	29	63
1934	107	152	161	208	245	299	337	29	76	108	152	184
1935	230	280	288	341	20	72	106	151	196	229	277	314
1936	7	60	84	132	165	209	241	287	337	15	69	106
1937	155	200	208	252	285	331	8	60	114	151	200	233
1938	277	322	331	19	56	110	148	199	246	278	321	353
1939	40	90	99	153	191	242	276	322	6	39	88	126
1940	180	232	255	302	335	19	51	97	148	188	240	277
1941	325	10	18	61	95	142	180	232	286	323	10	43
1942	87	133	141	190	227	281	319	9	55	88	131	163
1943	211	262	272	325	3	53	87	132	176	210	260	298
1944	351	43	65	112	145	188	221	268	318	357	50	87
1945	135	180	188	232	266	314	352	45	97	134	181	214
1946	258	303	311	1	38	91	130	179	225	257	50	87
1947	22	73	84	136	175	224	258	302	347	22	71	116
1948	163	215	236	282	314	358	30	77	129	168	221	257
1949	305	350	358	45	76	126	164	216	269	305	351	24
1950	67	114	121	171	209	263	300	350	35	67	111	144
1951	193	245	256	309	347	35	68	112	157	192	243	281

Jahr	Jan	Feb	Mär	Apr	Mai	Jun	Jul	Aug	Sep	Okt	Nov	Dez
1952	335	25	46	92	124	167	200	248	300	339	31	68
1953	115	159	168	213	247	297	336	30	81	116	161	193
1954	237	283	291	341	29	73	111	160	205	237	281	315
1955	5	58	69	121	158	205	238	282	328	357	54	92
1956	145	196	214	262	293	337	11	60	112	151	203	239
1957	285	330	339	24	58	109	148	201	252	287	331	3
1958	47	93	101	142	190	244	281	330	15	47	92	126
1959	177	230	241	293	330	16	48	92	126	173	225	263
1960	316	6	26	71	103	147	181	231	284	323	14	50
1961	95	140	149	194	229	280	319	13	32	97	141	172
1962	216	264	272	323	2	55	92	140	184	217	263	298
1963	349	43	53	105	140	186	218	262	308	343	36	74
1964	126	176	196	241	273	317	353	43	96	135	186	221
1965	266	310	319	5	40	92	130	184	233	267	311	342
1966	27	74	83	135	174	227	263	310	355	28	74	110
1967	161	215	225	276	311	356	28	72	118	157	208	245
1968	297	346	6	51	83	129	164	215	268	307	357	31
1969	76	121	129	175	210	263	302	354	43	76	120	152
1970	197	245	255	307	347	38	74	121	165	198	245	281
1971	334	27	36	87	121	156	197	241	288	324	17	56
1972	107	156	176	221	254	300	335	27	81	119	168	202
1973	246	290	298	345	21	74	114	165	213	246	290	322
1974	7	57	66	120	158	210	245	291	325	8	55	92
1975	145	199	207	257	290	335	7	52	98	137	188	227
1976	278	326	347	32	63	110	147	200	253	291	339	12
1977	56	100	118	155	191	245	283	335	23	56	100	132
1978	178	227	238	292	331	22	56	101	145	178	226	263
1979	317	9	18	67	100	145	176	221	269	307	1	38
1980	89	136	157	201	234	282	319	11	65	102	150	182
1981	226	270	278	325	2	55	94	145	193	226	270	303
1982	349	40	51	104	142	192	226	271	315	348	37	74
1983	127	181	188	237	270	314	346	31	80	118	171	210
1984	260	306	327	12	45	93	130	184	236	273	320	353
1985	36	80	88	136	173	226	266	316	353	36	80	113
1986	161	212	223	276	315	4	37	81	125	159	207	239
1987	296	351	359	46	80	124	156	203	253	291	344	23
1988	71	117	138	182	216	264	301	355	42	84	130	161
1989	205	250	258	306	344	38	77	127	173	206	250	284

Jahr	Jan	Feb	Mär	Apr	Mai	Jun	Jul	Aug	Sep	Okt	Nov	Dez
1990	333	24	34	88	126	174	206	251	295	328	18	56
1991	109	161	168	217	250	294	327	14	64	103	156	194
1992	242	287	307	352	26	75	112	166	219	254	300	331

Tabelle B für Mondzahl B:

Tag	Zahl		Tag	Zahl
1.	0		16.	209
2.	13		17.	222
3.	26		18.	236
4.	40		19.	249
5.	53		20.	263
6.	67		21.	268
7.	80		22.	282
8.	94		23.	295
9.	107		24.	309
10.	121		25.	322
11.	134		26.	336
12.	148		27.	349
13.	161		28.	3
14.	175		29.	16
15.	188		30.	30
			31.	43

An welchem Tag im Monat haben Sie Geburtstag?

Tabelle C zur Geburtszeitkorrektur:

Falls Sie es wissen: um wieviel Uhr sind Sie geboren?
Geburtszeit zwischen 0Uhr und 6Uhr: Minus 6.
Geburtszeit zwischen 6Uhr und 12Uhr: Minus 3.
Geburtszeit zwischen 12Uhr und 18Uhr: Plus 3.
Geburtszeit zwischen 18Uhr und 24Uhr: Plus 6.
Addieren beziehungsweise subtrahieren Sie die Korrekturzahlen zu beziehungsweise von Ihrer Mondzahl.

Hier lesen Sie Ihr Mondzeichen ab.

Ihre Mondzahl ist zwischen	Ihr Mond steht im Zeichen
6 – 24	Widder
25 – 34	Ende Widder – Anfang Stier
35 – 54	Stier
55 – 64	Ende Stier – Anfang Zwillinge
65 – 84	Zwillinge
85 – 94	Ende Zwillinge – Anfang Krebs
95 – 114	Krebs
115 – 124	Ende Krebs – Anfang Löwe
125 – 144	Löwe
145 – 154	Ende Löwe – Anfang Jungfrau
155 – 174	Jungfrau
175 – 184	Ende Jungfrau – Anfang Waage
185 – 204	Waage
205 – 214	Ende Waage – Anfang Skorpion
215 – 234	Skorpion
235 – 244	Ende Skorpion – Anfang Schütze
245 – 264	Schütze
265 – 274	Ende Schütze – Anfang Steinbock
275 – 294	Steinbock
295 – 305	Ende Steinbock – Anfang Wassermann
305 – 324	Wassermann
325 – 334	Ende Wassermann – Anfang Fische
335 – 354	Fische
355 – 5	Ende Fische – Anfang Widder

Falls Ihr Mond in den Übergang von einem zum anderen Tierkreiszeichen fällt, so erleben Sie die »Färbungen« beider Zeichen. Hier wird auch Ihr Gespür gefordert, herauszufinden, in welcher Lebensphase welches Zeichen Sie stärker prägt.

Ein Beispiel zur Berechnung des Mondstandes nach dieser Mondformel:

Sonja Z. ist am 28.9.1960 um 10 Uhr morgens geboren.
1. Mondzahl A ist 284.
2. Mondzahl B ist 3.
3. Die Summe aus A und B ist 287.
4. Diese Summe ist nicht größer als 360, 360 wird also nicht subtrahiert.
5. 287 ist die vorläufige Mondzahl.
6. Die Tabelle C zur Geburtszeitkorrektur gibt »Minus 3« an; also subtrahieren wir 3 von 287 und erhalten 284.
7. In Tabelle D sehen wir, daß diese Mondzahl dem Mond im Tierkreiszeichen Steinbock entspricht.

Tabelle zum Aszendenten

Sie sollten Ihren Aszendenten genau ausrechnen lassen. Dazu benötigt man die Angaben zum Geburtstag, zum Geburtsort und zur Geburtszeit, am besten auf mindestens fünf Minuten genau. Auf die Angaben der Eltern ist erfahrungsgemäß leider wenig Verlaß. Am besten schreiben Sie an das Standesamt Ihres Geburtsorts und bitten um die offizielle Eintragung der Geburtszeit im amtlichen Register. Legen Sie einen adressierten und frankierten Rückumschlag bei.

Damit Sie nun aber wenigstens ungefähr Ihren persönlichsten Punkt im Horoskop, Ihren Aszendenten kennen, ist hier eine Tabelle abgedruckt, aus der Sie ihn in etwa ablesen können. Ungenauigkeiten ergeben sich nicht nur dadurch, daß Sie selbst Ihre Geburtszeit vielleicht nicht genau wissen, sondern auch dadurch, daß der Aszendent von der geographischen Position auf der Erde abhängt. Wenn ein Mensch um 9 Uhr früh am 2. April in Berlin geboren wird, so hat er einen anderen Aszendenten als jemand, der zwar in derselben Minute geboren wurde, aber zum Beispiel viel weiter westlich und südlich, also zum Beispiel in Zürich. Hunderprozentig genau ist die folgende Tabelle also nicht, aber sie reicht, um den Aszendenten und die daraus folgenden Häuserpositionen in etwa zu bestimmen. Nach diesen notwendigen Vorbemerkungen nun zur Schnellbestimmung Ihres Aszendenten.

Die Tabelle gilt für Mitteleuropa. Die Geburtstage sind pro Tierkreiszeichen in drei »Dekaden« aufgeteilt.

- Sie kennen Ihren Geburtstag.
- Sie kennen (beziehungsweise vermuten) Ihre Geburtszeit. Runden Sie diese auf 5 Minuten ab oder auf.
- Prüfen Sie in der Sommerzeittabelle, ob es an Ihrem Geburtstag eine sogenannte Sommerzeit gab. Falls ja, müssen sie von Ihrer Geburtszeit 1 Stunde abziehen!
- Suchen Sie Ihren Geburtstag in der richtigen Dekade in der Tabelle.
- Suchen Sie unter der Spanne der Uhrzeiten, die dort angegeben sind, diejenige, in welche Ihre Geburtszeit fällt.
- Lesen Sie ab, welches Tierkreiszeichen an Ihrem Aszendenten stand.
- Sie können auch abschätzen, ob Ihr Aszendent mehr am Anfang, in der Mitte oder am Ende des Zeichens stand, je nachdem, ob sich Ihre Geburtszeit mehr am Anfang, in der Mitte oder am Ende der angegebenen Zeitspanne befindet.

Widder

Geburtstag	21.3.-31.3.	01.4.-10.4.	11.4.-20.4.
Aszendent	Geburtszeit	Geburtszeit	Geburtszeit
Widder	06h30-07h30	06h00-07h00	05h15-06h15
Stier	07h30-08h45	07h00-08h15	06h15-07h30
Zwillinge	08h45-10h30	08h15-10h00	07h30-09h15
Krebs	10h30-13h00	10h00-12h30	09h15-11h45
Löwe	13h00-15h45	12h30-15h15	11h45-14h30
Jungfrau	15h45-18h30	15h15-18h00	14h30-17h15
Waage	18h30-21h15	18h00-20h45	17h15-20h00
Skorpion	21h15-24h00	20h45-23h30	20h00-22h45
Schütze	00h00-02h30	23h30-02h00	22h45-01h15
Steinbock	02h30-04h15	02h00-03h45	01h15-03h00
Wassermann	04h15-05h30	03h45-05h00	03h00-04h15
Fische	05h30-06h30	05h00-06h00	04h15-05h15

Stier

Geburtstag	21.4.-30.4.	01.5.-10.5.	11.5.-21.5.
Aszendent	Geburtszeit	Geburtszeit	Geburtszeit
Widder	04h30-05h30	04h00-05h00	03h30-04h30
Stier	05h30-06h45	05h00-06h15	04h30-05h45
Zwillinge	06h45-08h30	06h15-08h00	05h45-07h30
Krebs	08h30-11h00	08h00-10h30	07h30-10h00
Löwe	11h00-13h45	10h30-13h15	10h00-12h45
Jungfrau	13h45-16h30	13h15-16h00	12h45-15h30
Waage	16h30-19h15	16h00-18h45	15h30-18h15
Skorpion	19h15-22h00	18h45-21h30	18h15-21h00
Schütze	22h00-00h30	21h30-24h00	21h00-23h30
Steinbock	00h30-02h15	00h00-01h45	23h30-01h15
Wassermann	02h15-03h30	01h45-03h00	01h15-02h30
Fische	03h30-04h30	03h00-04h00	02h30-03h30

Zwillinge

Geburtstag	22.5.-31.5.	01.6.-10.6.	11.6.-21.6.
Aszendent	Geburtszeit	Geburtszeit	Geburtszeit
Widder	03h00-04h00	02h30-03h30	01h45-02h45
Stier	04h00-05h15	03h30-04h45	02h45-04h00
Zwillinge	05h15-07h00	04h45-06h30	04h00-05h45
Krebs	07h00-09h30	06h30-09h00	05h45-08h15
Löwe	09h30-12h15	09h00-11h45	08h15-11h00
Jungfrau	12h15-15h00	11h45-14h30	11h00-13h45
Waage	15h00-17h45	14h30-17h15	13h45-16h30
Skorpion	17h45-20h30	17h15-20h00	16h30-19h15
Schütze	20h30-23h00	20h00-22h30	19h15-21h45
Steinbock	23h00-00h45	22h30-00h15	21h45-23h30
Wassermann	00h45-02h00	00h15-01h30	23h30-00h45
Fische	02h00-03h00	01h30-02h30	00h45-01h45

Krebs

Geburtstag	22.6.-30.6.	01.07.-11.7.	12.7.-22.7.
Aszendent	Geburtszeit	Geburtszeit	Geburtszeit
Widder	01h00-02h00	00h30-01h30	00h00-01h00
Stier	02h00-03h15	01h30-02h45	01h00-02h15
Zwillinge	03h15-05h00	02h45-04h30	02h15-04h00
Krebs	05h00-07h30	04h30-07h00	04h00-06h30
Löwe	07h30-10h15	07h00-09h45	06h30-09h15
Jungfrau	10h15-13h00	09h45-12h30	09h15-12h00
Waage	13h00-15h45	12h30-15h15	12h00-14h45
Skorpion	15h45-18h30	15h15-18h00	14h45-17h30
Schütze	18h30-21h00	18h00-20h30	17h30-20h00
Steinbock	21h00-22h45	20h30-22h15	20h00-21h45
Wassermann	22h45-24h00	22h15-23h30	21h45-23h00
Fische	00h00-01h00	23h30-00h30	23h00-24h00

Löwe

Geburtstag	23.7.-31.7.	01.8.-11.8.	12.8.-22.8.
Aszendent	Geburtszeit	Geburtszeit	Geburtszeit
Widder	22h45-23h45	22h15-23h15	21h30-22h30
Stier	23h45-01h00	23h15-00h30	22h30-23h45
Zwillinge	01h00-02h45	00h30-02h15	23h45-01h30
Krebs	02h45-05h15	02h15-04h45	01h30-04h00
Löwe	05h15-08h00	04h45-07h30	04h00-06h45
Jungfrau	08h00-10h45	07h30-10h15	06h45-09h30
Waage	10h45-13h30	10h15-13h00	09h30-12h15
Skorpion	13h30-16h15	13h00-15h45	12h15-15h00
Schütze	16h15-18h45	15h45-18h15	15h00-17h30
Steinbock	18h45-20h30	18h15-20h00	17h30-19h15
Wassermann	20h30-21h45	20h00-21h15	19h15-20h30
Fische	21h45-22h45	21h15-22h15	20h30-21h30

Jungfrau

Geburtstag	24.8.-31.8.	01.9.-11.9.	12.9.-22.9.
Aszendent	Geburtszeit	Geburtszeit	Geburtszeit
Widder	20h30-21h30	20h00-21h00	19h15-20h15
Stier	21h30-22h45	21h00-22h15	20h15-21h30
Zwillinge	22h45-00h30	22h15-24h00	21h30-23h15
Krebs	00h30-03h00	00h00-02h30	23h15-01h45
Löwe	03h00-05h45	02h30-05h15	01h45-04h30
Jungfrau	05h45-08h30	05h15-08h00	04h30-07h15
Waage	08h30-11h15	08h00-10h45	07h15-10h00
Skorpion	11h15-14h00	10h45-13h30	10h00-12h45
Schütze	14h00-16h30	13h30-16h00	12h45-15h15
Steinbock	16h30-18h15	16h00-17h45	15h15-17h00
Wassermann	18h15-20h30	17h45-19h00	17h00-18h15
Fische	19h30-20h30	19h00-20h00	18h15-19h15

Waage

Geburtstag	23.9.-30.9.	01.10.-11.10.	12.10.-23.10.
Aszendent	Geburtszeit	Geburtszeit	Geburtszeit
Widder	18h30-19h30	18h00-19h00	17h15-18h15
Stier	19h30-20h45	19h00-20h15	18h15-19h30
Zwillinge	20h45-22h30	20h15-22h00	19h30-21h15
Krebs	22h30-01h00	22h00-00h30	21h15-23h45
Löwe	01h00-03h45	00h30-03h15	23h45-02h30
Jungfrau	03h45-06h30	03h15-06h00	02h30-05h15
Waage	06h30-09h15	06h00-08h45	05h15-08h00
Skorpion	09h15-12h00	08h45-11h30	08h00-10h45
Schütze	12h00-14h30	11h30-14h00	10h45-13h15
Steinbock	14h30-16h15	14h00-15h45	13h15-15h00
Wassermann	16h15-17h30	15h45-17h00	15h00-16h15
Fische	17h30-18h30	17h00-18h00	16h15-17h15

Skorpion

Geburtstag	24.10.-31.10.	01.11.-11.11.	12.11.-22.11.
Aszendent	Geburtszeit	Geburtszeit	Geburtszeit
Widder	16h30-17h30	15h45-16h45	15h15-16h15
Stier	17h30-18h45	16h45-18h00	16h15-17h30
Zwillinge	18h45-20h30	18h00-19h45	17h30-19h15
Krebs	20h30-23h00	19h45-22h15	19h15-21h45
Löwe	23h00-01h45	22h15-01h00	21h45-00h30
Jungfrau	01h45-04h30	01h00-03h45	00h30-03h15
Waage	04h30-07h15	03h45-06h30	03h15-06h00
Skorpion	07h15-10h00	06h30-09h15	06h00-08h45
Schütze	10h00-12h30	09h15-11h45	08h45-11h15
Steinbock	12h30-14h15	11h45-13h30	11h15-13h00
Wassermann	14h15-15h30	13h30-15h45	13h00-14h15
Fische	15h30-16h30	14h45-15h45	14h15-15h15

Schütze

Geburtstag	23.11.-30.11.	01.12.-11.12.	12.12.-21.12.
Aszendent	Geburtszeit	Geburtszeit	Geburtszeit
Widder	14h30-15h30	13h45-14h45	13h15-14h15
Stier	15h30-16h45	14h45-16h00	14h15-15h30
Zwillinge	16h45-18h30	16h00-17h45	15h30-17h15
Krebs	18h30-21h00	17h45-20h15	17h15-19h45
Löwe	21h00-23h45	20h15-23h00	19h45-22h30
Jungfrau	23h45-02h30	23h00-01h45	22h30-01h15
Waage	02h30-05h15	01h45-04h30	01h15-04h00
Skorpion	05h15-08h00	04h30-07h15	04h00-06h45
Schütze	08h00-10h30	07h15-09h45	06h45-09h15
Steinbock	10h30-12h15	09h45-11h30	09h15-11h00
Wassermann	12h15-13h30	11h30-12h45	11h00-12h15
Fische	13h30-14h30	12h45-13h45	12h15-13h15

Steinbock

Geburtstag	22.12.-31.12.	01.1.-11.1.	12.1.-20.1.
Aszendent	Geburtszeit	Geburtszeit	Geburtszeit
Widder	12h15-13h15	11h45-12h45	11h15-12h15
Stier	13h15-14h30	12h45-14h00	12h15-13h30
Zwillinge	14h30-16h15	14h00-15h45	13h30-15h15
Krebs	16h15-18h45	15h45-18h15	15h15-17h45
Löwe	18h45-21h30	18h15-21h00	17h45-20h30
Jungfrau	21h30-00h15	21h00-23h45	20h30-23h15
Waage	00h15-03h00	23h45-02h30	23h15-02h00
Skorpion	03h00-05h45	02h30-05h15	02h00-04h45
Schütze	05h45-08h15	05h15-07h45	04h45-07h15
Steinbock	08h15-10h00	07h45-09h30	07h15-09h00
Wassermann	10h00-11h15	09h30-10h45	09h00-10h15
Fische	11h15-12h15	10h45-11h45	10h15-11h15

Wassermann

Geburtstag	21.1.-31.1.	01.2.-10.2.	11.2.-18.2.
Aszendent	Geburtszeit	Geburtszeit	Geburtszeit
Widder	10h30-11h30	10h00-11h00	09h15-10h15
Stier	11h30-12h45	11h00-12h15	10h15-11h30
Zwillinge	12h45-14h30	12h15-14h00	11h30-13h15
Krebs	14h30-17h00	14h00-16h30	13h15-15h45
Löwe	17h00-19h45	16h30-19h15	15h45-18h30
Jungfrau	19h45-22h30	19h15-22h00	18h30-21h15
Waage	22h30-01h15	22h00-00h45	21h15-24h00
Skorpion	01h15-04h00	00h45-03h30	24h00-02h45
Schütze	04h00-06h30	03h30-06h00	02h45-05h15
Steinbock	06h30-08h15	06h00-07h45	05h15-07h00
Wassermann	08h15-09h30	07h45-09h00	07h00-08h15
Fische	09h30-10h30	09h00-10h00	08h15-09h15

Fische

Geburtstag	19.2.-29.2.	01.3.-10.3.	11.3.-20.3.
Aszendent	Geburtszeit	Geburtszeit	Geburtszeit
Widder	08h30-09h30	08h15-09h15	07h30-08h30
Stier	09h30-10h45	09h15-10h30	08h30-09h45
Zwillinge	10h45-12h30	10h30-12h15	09h45-11h30
Krebs	12h30-15h00	12h15-14h45	11h30-14h00
Löwe	15h00-17h45	14h45-17h30	14h00-16h45
Jungfrau	17h45-20h30	17h30-20h15	16h45-19h30
Waage	20h30-23h15	20h15-23h00	19h30-22h15
Skorpion	23h15-02h00	23h00-01h45	22h15-01h00
Schütze	02h00-04h30	01h45-04h15	01h00-03h30
Steinbock	04h30-06h15	04h15-06h00	03h30-05h15
Wassermann	06h15-07h30	06h00-07h15	05h15-06h30
Fische	07h30-08h30	07h15-08h15	06h30-07h30

Tabelle zum Mondknoten

Tierkreiszeichenposition des Mondknotens von 1900–2000

In dieser Tabelle können Sie den Stand Ihres Mondknotens nachsehen. Suchen Sie die Zeile mit der Zeitspanne, in welche Ihr Geburtstag fällt. (Die Mondknotenachse läuft »rückwärts«, gegen die übliche Abfolge der Tierkreiszeichen.) Mit Mondknoten ist immer der nördliche, aufsteigende gemeint; der südliche, absteigende liegt genau 180 Grad gegenüber. Wenn Sie den Mondknoten noch genauer bestimmen wollen und kein ausgerechnetes Horoskop zur Hand haben, so hilft Ihnen folgende kleine Formel: In einem Monat wandern die Mondknoten etwa 1,5 Grad zurück.

Tierkreiszeichenposition des nördlichen Mondknotens

01.01.1900 20 Grad Schütze
24.07.1900 10 Grad Schütze
21.01.1901 30 Grad Skorpion
20.07.1901 20 Grad Skorpion
21.01.1902 10 Grad Skorpion
21.07.1902 30 Grad Waage
15.01.1903 20 Grad Waage
15.07.1903 10 Grad Waage
15.01.1904 30 Grad Jungfrau
15.07.1904 20 Grad Jungfrau
19.01.1905 10 Grad Jungfrau
18.09.1905 30 Grad Löwe
27.03.1906 20 Grad Löwe
03.10.1906 10 Grad Löwe
30.03.1907 30 Grad Krebs
04.10.1907 20 Grad Krebs
29.03.1908 10 Grad Krebs

28.09.1908 30 Grad Zwillinge
22.03.1909 20 Grad Zwillinge
26.09.1909 10 Grad Zwillinge
23.03.1910 30 Grad Stier
01.10.1910 20 Grad Stier
15.05.1991 10 Grad Stier
08.12.1911 30 Grad Widder
04.06.1912 20 Grad Widder
09.12.1912 10 Grad Widder
06.06.1913 30 Grad Fische
10.12.1913 20 Grad Fische
06.06.1914 10 Grad Fische
03.12.1914 30 Grad Wassermann
31.05.1915 20 Grad Wassermann
03.12.1915 10 Grad Wassermann
31.05.1916 30 Grad Steinbock
21.12.1916 20 Grad Steinbock
18.08.1917 10 Grad Steinbock
13.02.1918 30 Grad Schütze
20.08.1918 20 Grad Schütze
14.02.1919 10 Grad Schütze
15.08.1919 30 Grad Skorpion
14.02.1920 20 Grad Skorpion
14.08.1920 10 Grad Skorpion
07.02.1921 30 Grad Waage
14.08.1921 20 Grad Waage
09.02.1922 10 Grad Waage
22.08.1922 30 Grad Jungfrau
18.04.1923 20 Grad Jungfrau
27.10.1923 10 Grad Jungfrau
22.04.1924 30 Grad Löwe
27.10.1924 20 Grad Löwe
22.04.1925 10 Grad Löwe
26.10.1925 30 Grad Krebs
23.04.1926 20 Grad Krebs
21.10.1926 10 Grad Krebs
16.04.1927 30 Grad Zwillinge
23.10.1927 20 Grad Zwillinge
28.04.1928 10 Grad Zwillinge
28.12.1928 30 Grad Stier
06.07.1929 20 Grad Stier

02.01.1930 10 Grad Stier
07.07.1930 30 Grad Widder
03.01.1931 20 Grad Widder
30.06.1931 10 Grad Widder
28.12.1931 30 Grad Fische
01.07.1932 20 Grad Fische
27.12.1932 10 Grad Fische
24.06.1933 30 Grad Wassermann
30.12.1933 20 Grad Wassermann
29.08.1934 10 Grad Wassermann
08.03.1935 30 Grad Steinbock
14.09.1935 20 Grad Steinbock
10.03.1936 10 Grad Steinbock
14.09.1936 30 Grad Schütze
09.03.1937 20 Grad Schütze
07.09.1937 10 Grad Schütze
03.03.1938 30 Grad Skorpion
08.09.1938 20 Grad Skorpion
04.03.1939 10 Grad Skorpion
11.09.1939 30 Grad Waage
11.04.1940 20 Grad Waage
18.11.1940 10 Grad Waage
24.05.1941 30 Grad Jungfrau
21.11.1941 20 Grad Jungfrau
17.05.1942 10 Grad Jungfrau
21.11.1942 30 Grad Löwe
17.05.1943 20 Grad Löwe
14.11.1943 10 Grad Löwe
11.05.1944 30 Grad Krebs
15.11.1944 20 Grad Krebs
21.05.1945 10 Grad Krebs
02.12.1945 30 Grad Zwillinge
28.07.1946 20 Grad Zwillinge
26.01.1947 10 Grad Zwillinge
02.08.1947 30 Grad Stier
27.01.1948 20 Grad Stier
25.07.1948 10 Grad Stier
25.01.1947 30 Grad Widder
25.07.1949 20 Grad Widder
19.01.1950 10 Grad Widder
26.07.1950 30 Grad Fische

22.01.1951 20 Grad Fische
03.08.1951 10 Grad Fische
28.03.1952 30 Grad Wassermann
07.10.1952 20 Grad Wassermann
03.04.1953 10 Grad Wassermann
09.10.1953 30 Grad Steinbock
03.04.1954 20 Grad Steinbock
03.10.1954 10 Grad Steinbock
02.04.1955 30 Grad Schütze
02.10.1955 20 Grad Schütze
28.03.1956 10 Grad Schütze
04.10.1956 30 Grad Skorpion
10.04.1957 20 Grad Skorpion
09.12.1957 10 Grad Skorpion
16.06.1958 30 Grad Waage
15.12.1958 20 Grad Waage
17.06.1959 10 Grad Waage
15.12.1959 30 Grad Jungfrau
10.06.1960 20 Grad Jungfrau
07.12.1960 10 Grad Jungfrau
10.06.1961 30 Grad Löwe
08.12.1961 20 Grad Löwe
14.06.1962 10 Grad Löwe
23.12.1962 30 Grad Krebs
20.08.1963 20 Grad Krebs
17.02.1964 10 Grad Krebs
25.08.1964 30 Grad Zwillinge
20.02.1965 20 Grad Zwillinge
26.08.1965 10 Grad Zwillinge
19.02.1966 30 Grad Stier
20.08.1966 20 Grad Stier
12.02.1967 10 Grad Stier
19.08.1967 30 Grad Widder
15.02.1968 20 Grad Widder
02.09.1968 10 Grad Widder
19.04.1969 30 Grad Fische
29.10.1969 20 Grad Fische
03.05.1970 10 Grad Fische
02.11.1970 30 Grad Wassermann
29.04.1971 20 Grad Wassermann
02.11.1971 10 Grad Wassermann

28.04.1972 30 Grad Steinbock
31.10.1972 20 Grad Steinbock
20.04.1973 10 Grad Steinbock
27.10.1973 30 Grad Schütze
03.05.1974 20 Grad Schütze
31.12.1974 10 Grad Schütze
10.07.1975 30 Grad Skorpion
07.01.1976 20 Grad Skorpion
11.07.1976 10 Grad Skorpion
07.01.1977 30 Grad Waage
12.07.1977 20 Grad Waage
07.01.1978 10 Grad Waage
05.07.1978 30 Grad Jungfrau
01.01.1979 20 Grad Jungfrau
07.07.1979 10 Grad Jungfrau
12.01.1980 30 Grad Löwe
11.09.1980 20 Grad Löwe
19.03.1981 10 Grad Löwe
20.09.1981 30 Grad Krebs
15.03.1982 20 Grad Krebs
10.09.1982 10 Grad Krebs
16.03.1983 30 Grad Zwillinge
20.09.1983 20 Grad Zwillinge
13.03.1984 10 Grad Zwillinge
11.09.1984 30 Grad Stier
09.03.1985 20 Grad Stier
22.09.1985 10 Grad Stier
06.04.1986 30 Grad Widder
29.11.1986 20 Grad Widder
28.05.1987 10 Grad Widder
02.12.1987 30 Grad Fische
28.05.1988 20 Grad Fische
25.11.1988 10 Grad Fische
22.05.1989 30 Grad Wassermann
25.11.1989 20 Grad Wassermann
21.05.1990 10 Grad Wassermann
18.11.1990 30 Grad Steinbock
25.05.1991 20 Grad Steinbock
04.12.1991 10 Grad Steinbock
01.08.1992 30 Grad Schütze
05.02.1993 20 Grad Schütze

05.08.1993 10 Grad Schütze
01.02.1994 30 Grad Skorpion
06.08.1994 20 Grad Skorpion
31.01.1995 10 Grad Skorpion
31.07.1995 30 Grad Waage
31.01.1996 20 Grad Waage
30.07.1996 10 Grad Waage
25.01.1997 30 Grad Jungfrau
15.08.1997 20 Grad Jungfrau
11.04.1998 10 Grad Jungfrau
21.10.1998 30 Grad Löwe
15.04.1999 20 Grad Löwe
13.10.1999 10 Grad Löwe
09.04.2000 30 Grad Krebs
13.10.2000 20 Grad Krebs
31.12.2000 15 Grad Krebs